成长也是一种美好

NEW
ENERGY VEHICLE
3.0 ERA

新能源汽车 3.0时代

樊哲高◎主编

人民邮电出版社

北京

图书在版编目（CIP）数据

新能源汽车3.0时代 / 樊哲高主编. -- 北京 : 人民邮电出版社，2022.3
ISBN 978-7-115-58382-6

Ⅰ．①新… Ⅱ．①樊… Ⅲ．①新能源－汽车工业－产业发展－研究－中国 Ⅳ．①F426.471

中国版本图书馆CIP数据核字（2021）第265296号

◆ 主　　编　樊哲高
　　责任编辑　刘艳静
　　责任印制　周昇亮

◆ 人民邮电出版社出版发行　北京市丰台区成寿寺路11号
邮编　100164　电子邮件　315@ptpress.com.cn
网址　https://www.ptpress.com.cn
大厂回族自治县聚鑫印刷有限责任公司印刷

◆ 开本：700×1000　1/16
印张：12.25　　　　　　　　　　　2022年3月第1版
字数：250千字　　　　　　　　　　2022年3月河北第1次印刷

定　价：88.00元

读者服务热线：（010）81055522　印装质量热线：（010）81055316
反盗版热线：（010）81055315
广告经营许可证：京东市监广登字20170147号

编委会

主　任：都莉楠

主　编：樊哲高

副主编：赵文博　郭文佳

编　委（以姓氏笔画为序）：

田野　刘岸泽　葛成　温昕　魏岚

推荐语

我认为这本书从另一个视角（服务行业主管部门的媒体及新能源汽车行业的各个侧面）总结和研讨了中国新能源汽车发展，展示了中国科学家的思考、行业的共同行动、国家的战略决策，以及努力实现"弯道超车"或"换道超车"的民族激情进取精神，描绘了一幅从砥砺前行、自主创新到实现新能源汽车规模全球领先与技术国际一流的壮美画卷；是一部非常值得推荐、有益于读者、有益于新能源汽车技术保持先发优势和行业健康可持续发展的著作。

孙逢春

中国工程院院士

北京理工大学教授

首任电动车辆国家工程实验室主任

新能源汽车在交通领域、智能出行和国民经济中的重要性日益显现。电动化与智能网联化的融合让汽车成为新的移动空间与智能终端。《新能源汽车 3.0 时代》通过多种形式，梳理总结了新能源汽车发展的技术、资本、场景、挑战等系列问题，给读者带来了全新的视角及观点。我相信，在智能网联技术的加持下，新能源汽车 3.0 时代正飞速驶来。

李克强

中国工程院院士

清华大学车辆与运载学院教授

汽车安全与节能国家重点实验室主任

国家智能网联汽车创新中心首席科学家

新能源汽车对促进交通变革和低碳发展有着十分重大的意义。而新能源汽车与智能网联技术的结合，将大大提升全社会运转效率和经济质量，开启智能交通和绿色出行新时代，我想这也是《新能源汽车 3.0 时代》要传达给读者的题中之义。

董扬

中国电动汽车百人会副理事长

中国汽车工业协会原常务副会长兼秘书长

前言

发展新能源汽车是产业转型、消费升级的重要推手,是应对气候变化、推动绿色发展的战略举措。

我国是汽车大国,汽车产销量连续多年位居全球第一,但传统燃油车关键零部件受制于人,所以还不是汽车强国。而新能源汽车中的动力电池、驱动电机、电控系统等关键零部件,以及充换电站等配套基础设施的制造产业,都属于新兴领域,这为市场参与者开辟了新的赛道,提供了弯道超车的可能。因此,发展新能源汽车将加快推动我国成为汽车强国。

我国的新能源汽车产业发展经历过两个阶段,分别是 1.0 时代和 2.0 时代,当前正迈入 3.0 时代。

2009 年 1 月,科技部、财政部、国家发展改革委、工业和信息化部共同启动"十城千辆节能与新能源汽车示范推广应用工程",新能源汽车发展正式进入国家战略序列。我们将 2009—2012 年称为新能源汽车产业 1.0 时代。此阶段为产业萌发期,公众开始逐步接受新能源汽车。

2012 年 6 月,国务院印发《节能与新能源汽车产业发展规划(2012—2020 年)》,新能源汽车发展进入快车道。我们将 2012—2020 年称为新能源汽车产业 2.0 时代。此阶段为新能源汽车产业的爆发期，我国新能源汽车产销连续多年位居全球之首，保有量占全球 50% 以上。

2020 年 10 月，国务院印发《新能源汽车产业发展规划（2021—2035年）》。这一政策的实施将推动新能源汽车发展进入 3.0 时代，此阶段新能源汽车技术路线将迎来升级，市场化进程更加深入，智能网联化将与新能源汽车紧密结合，整个社会将跨入智慧出行新时代。

在 3.0 时代，新能源汽车借助新一代信息技术，重新定义交通和出行。比如，依托 5G、高精度地图、物联网、语音识别、云计算和大数据、人工智能等技术，智能座舱、自动驾驶、车联网等几乎成为新能源汽车的标配。汽车不再只是交通工具，而成为能够进行人机交互、不断迭代升级的移动智能终端。新能源汽车与信息技术的深度融合，将为人们提供更加智慧、便捷、绿色的出行体验，显著提升全社会的运转效率。

2015 年，在新能源汽车产业进入爆发的起点，《新能源汽车报》在北京创刊，这是工业和信息化部主管的唯一一份汽车专业报纸，它的创刊吹响了汽车产业转型升级的号角。《新能源汽车报》立足行业、深耕市场，连接产业主管部门、生产企业和消费者，通过对专家学者、头部企业高层的深入采访，精准把握政策导向、市场动态和行业趋势，成为新能源汽车的风向标。

为了迎接新能源汽车 3.0 时代，《新能源汽车报》记者从传媒视角出发，在深入采访的基础上撰写系列分析文章，精编成书，供读者参考。全书共 5 篇，内容包括新能源汽车与低碳发展、新能源汽车关键技术与演进路线、资本盛宴与市场博弈、应用场景与消费热点、挑战与机遇。本书通过政策汇总、专家访谈、案例解析、市场调查等形式，以巨大的信息量，全景式展现新能源汽车的嬗变轨迹、技术演进、市场格局，生动地描述了新能源汽车产业从政策制定、顶层决策到产业布局、技术攻关、消费升级等方面的脉络，为产业增长注入新动能，为企业发展提供新方向，为投资布局提供参考，为居民消费提供引导。

本书适合汽车组织和研究机构专家、市场调研人员、金融分析师、企业高管及个人投资者等阅读参考。

目录

第一篇
新能源汽车与低碳发展

要点导读　2

新能源汽车助力实现双碳目标　3
开展中国汽车产业实现碳中和的研究　3
让"零排放"成真，汽车产业是关键　5
5G 技术赋能新能源场景　6
5G 智能动力电池成为重要渠道　9

汽车产业如何落实碳达峰、碳中和　11
"政策 + 市场"双轮驱动　11
智能网联与新能源，提高汽车减排水平和社会运行效率　12
多部门通力合作开展减排工作　14
实现能源的清洁化和交通电动化　15

寻找汽车减碳突破口　17

欧七排放标准给我国汽车产业带来挑战　17

减碳新技术　20

第二篇
新能源汽车关键技术与演进路线

要点导读　26

电池产业还将"三条腿走路"　27

技术多样化，不应忘记混动车　28

钠锂集成不同凡响　31

磷酸铁锂（弹匣电池）安全吗　35

烧车包赔，电池安全你敢承诺吗　38

换电的技术创新　43

换电续航，时刻要规划线路　43

换电迎来契机，七大优势逐渐克服痛点　46

案例　北京新能源汽车换电优势及意义　49

加氢：氢燃料电池产业真能"氢"而易举　55

氢燃料电池提及率上升　55

基础设施建设力度加大　57

　　为何有车企唱衰氢燃料电池　58

　　案例　京沪"氢城"打造　62

难点突破与机会识别　66

　　充电不便，各地开启新一轮"打桩"　66

　　电动汽车为啥怕冷，如何挽救　69

　　燃油车占充电位，"鸠占鹊巢"能治不　73

　　车企大力化解"电池荒"　76

第三篇

资本盛宴与市场博弈

要点导读　82

深挖新能源汽车市场潜力　83

　　半年销量增长 2.3 倍提振信心　83

　　加紧锤炼产业链条　84

　　氢能产业发展如火如荼　85

双积分政策鼓励车企新能源战略　87

　　积分差距逐渐拉大，自主品牌乘用车企占优势　87

　　平均油耗达标门槛提高，传统合资车企备受油耗困扰　88

电池企业猛扩产能背后的逻辑 91

市场向第二梯队释放 92

"锂"持续上涨有理吗 94

理性看待估值回调 96

探寻动力电池回收新蓝海 98

动力电池循环利用亟须规范化 98

健全电池循环利用体系是关键 101

卖车比造车挣钱吗 106

案例 华为有技术为何不造车 106

案例 软件成为车企之痛 109

第四篇
应用场景与消费热点

要点导读 114

从里程大数据看新能源汽车谁跑得最欢 115

整体呈逐年上升趋势 115

乘用车是消费主力 116

纯电动占比达 84.5% 117

车型影响　119

  数字化助力房车改造　119

  "三孩"来了，多座车或迎来春天　122

  "微电"或将终结"老头乐"　125

无人驾驶与无人货运　129

  "老司机"难找，无人货运或将到来　129

  无人驾驶卡车备受青睐　131

  政策助力自动驾驶　133

从销量看市场消费热点　136

  A00级电动车成为主力　136

  自主新能源汽车优势扩大　137

  传统合资品牌"触电"遇冷　139

  案例　2021年南京新能源汽车下乡活动　139

第五篇
挑战与机遇

要点导读　144

一道让车企茅塞顿开的高考题　145

  垂直整合，难以在细分市场保持优势　145

产业链开放，助力新能源汽车发展　146

救"芯"：增强芯片自主供给能力　148

汽车芯片为什么会缺货　148

车企要开始救"芯"吗　151

求变：向死而生是选择，主动求变谋出路　155

新能源车企打"僵尸"　155

传统高端品牌电动化战略遇阻　160

强链补链：产业供应链完善势在必行　164

何谓"强链补链"　164

存在哪些短板和缺环　165

供应链开放，甜到了车企　166

迎接新能源汽车市场趋势转变　168

从政府"放手"到市场"接手"　168

案例　上海收紧新能源车牌　172

由购买管理向使用管理转变　174

由被迫选择向主动拥抱转变　177

后记　179

第一篇

新能源汽车与低碳发展

要点导读

发展新能源汽车是我国寻求新的经济增长点、促进产业转型升级的有力举措,更重要的是,新能源汽车符合当今绿色出行大趋势,有助于国际社会努力实现碳中和的目标。研究表明,燃油车排放是全球温室气体的重要来源;联合国环境规划署的数据显示,陆地交通运输在温室气体排放来源因素中占比超过10%;因此发展零排放的新能源汽车势在必行。

本篇从新能源汽车助力低碳社会、新能源汽车产业本身的低碳发展两个视角展开。对于前者,世界各国已认识到发展新能源汽车是应对气候变化的重要且有效手段,纷纷提出禁售燃油车时间表,一些欧洲国家将最早于2030年就不再发售燃油车。各大车企包括造车新势力都发布了电动化战略,响应低碳出行号召。对于后者,车企通过施行智能化制造流程和供应链数字化重塑,践行低碳发展。

新能源汽车助力实现双碳目标

对新能源汽车来说，大力推动实现碳达峰和碳中和双碳目标，是其使命也是其发展动力。

开展中国汽车产业实现碳中和的研究

"力争2030年前实现碳达峰，2060年前实现碳中和"，是我国做出的重大战略决策。我国有些地区已经明确提出抓紧制定、出台实现碳达峰的行动方案，科学设定峰值水平，坚持实事求是，对重点行业、重点企业深入分析、准确测算，深入论证、量化指标，科学设定碳排放峰值，确保行动方案切实可行。

"汽车产业是国民经济的支柱产业，汽车产品作为消耗石油、天然气等化石燃料，排放二氧化碳的大户，我们应该尽快开展中国汽车产业实现碳中和的研究。"中国汽车工业协会原常务副会长兼秘书长董扬如是说。

公安部交通管理局发布的消息称，2020年全国机动车保有量达3.72亿辆，其中汽车2.81亿辆。数据显示，我国交通运输领域二氧化碳排放量占总排放量的 6.7%~14%，2011—2020 年，碳排放年均增速保持在 5% 以上，已成为温室气体排放增长最快的领域之一。

新能源汽车作为全球汽车产业绿色发展和转型升级的重要方向，是我国汽车产业减碳发展的一种战略选择。2020 年，全球新能源汽车销量有所下降，但我国新能源汽车销量增速达到 10.9%，而且在持续增加。我国新能源汽车产销量已连续 6 年位居全球第一，累计推广超过 550 万辆。

实际上，为促进汽车产业节能减排、绿色发展，工业和信息化部早在 2018 年就实施了《乘用车企业平均燃料消耗量与新能源汽车积分并行管理办法》（以下简称《积分办法》），通过搭建积分交易平台，建立了节能与新能源汽车协调发展的市场化机制。

值得一提的是，《积分办法》是我国推动节能与新能源汽车协调发展政策的大胆创新，国际上没有先例可循。《积分办法》自发布实施以来，有力促进了行业技术创新和节能与新能源汽车的推广应用，基本实现了预期目标。比如，2016—2019 年乘用车行业平均油耗从 6.43L/100km 降至 5.56L/100km，年均降幅 4.7%。行业传统能源乘用车平均油耗从 6.87L/100km 降至 6.46L/100km，年均降幅 2%。

行业机构测算，2016 年、2020 年单车平均二氧化碳排放量分别为 3.85t、2.84t，呈逐年下降趋势，年均降幅 7%。新能源汽车的推广应用带动 2020 年节约燃油消耗超过 3×10^6t，2016—2020 年累计节约燃油超过 1×10^7t。有专家乐观预测，汽车领域将于 2028 年前后率先实现碳达峰。

中国工程院院士、北京理工大学教授、首任电动车辆国家工程实验室主任孙逢春表示："建立一套符合我国道路交通行业发展现状的碳交易体系,是我国政府及汽车行业可持续发展的迫切需求。未来应加强碳税、碳奖励、碳抵消和碳交易等方面的研究,真正实现从新能源汽车补贴到碳交易与碳奖励的过渡。"

实现碳达峰、碳中和中长期目标是一场广泛而深刻的经济社会系统性变革,关键在于多方力量多措并举、协同发力;仅仅依靠汽车行业自身是行不通的,需要与能源、交通、车联网、电力等行业深度融合,提高能源利用及交通运输效率,进而全面降低碳排放。

赛迪研究院建议,应尽快明确各级地方政府主管部门在碳达峰、碳中和行动中的任务与权责,充分发挥政府、行业内企业、高校与科研机构、行业协会与联盟、金融机构、第三方服务机构等主体的优势和能动作用,多方协同,共同完善与低碳发展相关的技术、产品、监管、资金等要素保障。

让"零排放"成真,汽车产业是关键

2021年7月14日,欧盟委员会发布"Fit for 55 Package"一揽子减排提案,旨在到2030年将温室气体净排放量较1990年减少55%,到2050年实现碳中和。该提案覆盖可再生能源、能源效率、建筑、土地使用和碳排放交易体系等多个领域。

针对汽车行业,该提案建议:"到2030年,所有登记注册的新车的排放总量较2021年减少55%,到2035年这一条例将更加严格,要求所有登记注册的新车排放总量较2021年减少100%。"即欧盟计划在2035年全面禁售燃油、柴油车辆。与之配套的措施是，到2025年要在欧盟建设100万个电动汽车充电桩，到2030年要建设300万个电动汽车充电桩，以进一步提高纯电动汽车、氢能源汽车的使用便利度，并降低其使用成本。

在车企转型过程中，电动化固然重要，但能否使用更加清洁的能源同样不容忽视。

目前欧盟可再生能源指令的目标是，2030年可再生能源在欧洲能源结构中的占比达到32%。而上述提案计划把这一目标提高到40%。

欧盟在联盟层面上制定了较为严格的气候和环境政策，在国家层面上采取了各种措施。目前，欧盟是全球电力行业碳排放最低的地区。截至2018年11月，欧盟共有10国宣布在2030年前分阶段淘汰煤电，并有多国已大力开展燃煤发电替代措施，有效地降低了电力系统的碳排放量。

5G技术赋能新能源场景

中国人口众多，制造业规模全球领先，工业和交通领域能耗大，因此，必须加大力度开发可再生清洁能源。

近年来，全球碳排放问题日益突出。为了降低排放水平，中国政府投入大量资金发展太阳能、风电、水电等可再生资源，碳排放强度不断下降。2020年，通过降低煤耗，火电二氧化碳排放量由2015年的850g/（kW·h）降至838g/（kW·h），累计减少二氧化碳排放约36.78×10^8t。

2021年是"十四五"开局之年，碳达峰、碳中和首次被写进我国政府工作报告。在2021年4月22日的"领导人气候峰会"上，中国承诺将严控煤电项目,"十四五"时期严控煤炭消费增长,"十五五"时期逐步减少。若干举措足见我国在能源转型升级上的决心。

数据显示,2016—2021年我国能源消费增速明显降低,已由2004年峰值的16.8%降至1%~3%的低增速区间。其中,煤炭消费占能源消费的比重逐年下降,2020年已降至56.7%。

按此发展趋势,我国化石能源消费有望在2020—2025年达到峰值。同时,可再生能源保持较快发展速度,节能减排和降耗措施持续落地实施,这意味着我国二氧化碳排放峰值可能不用等到2030年,而是会提前到来。

新能源汽车是全球汽车产业转型升级、绿色发展的主要趋势,也是我国汽车产业跨越发展的战略选择。随着5G技术的不断发展,5G+新能源汽车将进一步推动碳达峰、碳中和目标的实现。

5G技术赋能产业有助于我国经济社会的绿色发展,双碳目标对世界的贡献将有助于推动人类命运共同体的构建。科技支撑碳达峰、碳中和,5G技术赋能是其中重要的技术创新环节。

在新能源汽车领域,2021年6月29日,中国工程院院士吴锋在2021世界5G大会之"5G与碳达峰、碳中和论坛"会前座谈会上表示,电池将是能源互联网的核心一环。5G技术赋能,有助于智慧数字化先进电池(即智能电池)的开发,这将推动双碳目标的实现。

在智能网联汽车领域,随着5G商用牌照的发放,自动驾驶领域也将发生翻天覆地的变化,自动驾驶离人们真的不远了。自2019年起,国内首个5G自动驾驶公共服务平台暨5G自动驾驶开放道路场景示范运营基地就已正式启用。在2021年上海车展上,5G技术、人工智能、物联网等尖端科技加持新能源智能汽车，车路协同能力得到了大幅加强。

2021年5月，住房和城乡建设部、工业和信息化部印发通知，确定北京、上海、广州、武汉、长沙、无锡6个城市为智慧城市基础设施与智能网联汽车协同发展的第一批试点城市。智慧城市与智能网联汽车是相辅相成的，智慧城市是智能网联汽车发展的基础，而智能网联汽车是智慧城市发展的切入点。随着5G商用进程的加快，智慧路灯凭借自身"有电、有网、有点"等强大优势，赋能智慧城市建设、数字化运营，推进智慧路灯行业发展。

在2021年1月召开的"第七届中国电动汽车百人会论坛（2021）"上，普天新能源有限公司党委书记、总经理王栋表示，要以工业互联网的思维推动新能源汽车的产业发展。

在2021年6月15日召开的"世界工业互联网大会"上，工业和信息化部信息通信管理局副局长鲁春丛提到，新型基础设施建设加速推进。高质量的外网建设覆盖全国300多个地市，企业内网改造也在加快推进。"5G+工业互联网"全国在建项目超过1500个。多层级工业互联网平台体系初步形成。

工业互联网和车联网的思维是基础设施的融合。对工业互联网来说，5G是推力，但5G在工业互联网中如何发展，成本是很重要的因素。2020年，普天新能源开发了基于充电运营方面的工业互联网平台。深南电路在汽车电子领域则主要聚焦高级驾驶辅助系统和新能源汽车方向，且已积极投入汽车电子相关技术研发。未来，伴随车联网、物联网的涌现，汽车也可能成为新型的移动终端，公司在通信领域的技术优势可进一步得到延伸。

5G 智能动力电池成为重要渠道

发展新能源汽车是推进节能减排的重点，工业和信息化部在 2021 年年初透露，将围绕碳达峰、碳中和的目标制定汽车产业实施路线图，强化整车集成技术创新，通过制定配套法律法规、发布相关标准和完善回收利用体系，推动新能源汽车动力电池回收利用。

2021 年 3 月 19 日在深圳举办的"2021 中国国际电池产业合作峰会"上，与会专家认为，新能源汽车动力电池合作正在成为中外碳减排合作的一个重要渠道。

5G 智能电池目前还只是一个美好的愿景，但已经有不少企业实现了 5G 智能电动汽车的量产。中国电子科技集团咨询委专职研究员朱利宏表示，5G 新基建赋能高能耗产业，特别是能源行业，为能源行业转型升级提供了比较好的支撑。5G 的扩大应用，特别是在相关行业的应用，是 5G 未来发展的一个重要抓手。

积极应对碳达峰、碳中和这场硬仗，是新能源汽车以及整个新能源产业不可推卸的重大责任。发展新能源汽车已被确定为推进节能减排的重点，一方面是推进新能源汽车技术创新，特别是推进电动化与网联化、智能化并行发展；另一方面是推动新能源汽车动力电池回收利用，核心都是以碳达峰、碳中和的目标倒逼新能源汽车生产和消费低碳化，努力接近并最终达到"净零排放"。

在第 11 届中国汽车论坛上，工业和信息化部装备工业一司副司长郭守刚表示，下一步我国汽车产业将重点优化产业发展环境，围绕碳达峰、碳中和的目标研究制定汽车产业低碳发展技术路线图，深化汽车生产领域"放管服"改革，有序放开代工生产，加强产品安全、网络安全、数据安全监管，严格实施特别公示制度，推动提高产业集中度，遏制盲目投资和重复建设，深化开放合作，坚持全球化发展理念，共同维护汽车供应链的稳定和畅通。

汽车产业如何落实碳达峰、碳中和

从汽车产业发展趋势看,智能化、网联化和电动化加速融合,智能网联与新能源必将推动汽车升级为一个全新的终端载体;从我国"2030碳中和、2060碳达峰"的长远发展规划来看,汽车行业有责任、有义务推动碳排放事业健康发展,若条件允许甚至要率先实现碳达峰、碳中和。

"政策+市场"双轮驱动

"十三五"期间,中国新能源汽车产业发展迅猛,不但在市场规模上多年位居世界第一,在技术上也有巨大进步,迅速逼近世界先进水平。董扬呼吁,在"十四五"期间,全行业应该以更加自信和平和的心态看待竞争和发展。

广州汽车集团股份有限公司党委书记、董事长曾庆洪也建议,在新发展格局下,电动汽车要立足市场的实际,坚持多能源结构、分步走的方针;在智能网联方面,政府各部门协同合作,统一目标、统一标准、统一资源,推动完善智能网联或者智能驾驶相关的法律法规;在核心零部件方面,要制定长期、有效的扶持政策。

比亚迪股份有限公司董事长王传福表示，行业从早期依靠政策的"单轮驱动"，全面转向"政策+市场"的"双轮驱动"，私人用户对电动车的接受程度不断提高，市场驱动力还在持续增强。

为加速汽车全面电动化，实现碳达峰目标，王传福建议继续完善电动汽车安全法规标准；增强双积分价格的可预见性，参照农业的粮食储备调节机制，建立积分池管理机制；私家车电动化需要插电混动和纯电动双管齐下。

在共促汽车产业新发展的路上，汽车人从未缺席。"碳中和"的故事继续书写，"碳中和"的拥护者一直在路上。

智能网联与新能源，提高汽车减排水平和社会运行效率

2020年10月，国务院正式印发《新能源汽车产业发展规划（2021—2035年）》，这也是我国工业领域第一个面向"十四五"及更长一段时期的发展规划。该规划指出，要坚持电动化、网联化、智能化发展方向，以融合创新为重点，突破关键核心技术，优化产业发展环境，推动我国新能源汽车产业高质量可持续发展，加快建设汽车强国。

值得一提的是，该规划对我国新能源汽车和智能网联汽车都明确了未来的发展目标。到2025年，纯电动乘用车新车平均电耗降至12kW·h/100km，新能源汽车新车销量达到汽车新车总销量的20%左右，高度自动驾驶汽车实现限定区域和特定场景商业化应用。力争经过持续努力，

到2035年，纯电动汽车成为新销售车辆的主流，公共领域用车全面电动化，燃料电池汽车实现商业化应用，高度自动驾驶汽车实现规模化应用，有效促进节能减排水平和社会运行效率的提升。

为抓紧、抓实、抓细该规划的落实工作，2021年1月19日，节能与新能源汽车产业发展部际联席会议在京召开，会议总结了2020年及"十三五"工作情况，深入讨论了落实《新能源汽车产业发展规划（2021—2035年）》工作举措，明确了2021年新能源汽车产业发展的重点工作，其中包括优化产业发展环境，研究制定汽车产业落实碳达峰、碳中和的行动路线图。

2021年4月1日，国家制造强国建设领导小组车联网产业发展专委会第四次全体会议在京召开。会议认为，车联网是先进制造业和现代服务业深度融合的新业态，发展车联网能够培育新的增长点、提高产业链现代化水平，同时对促进交通安全、提升出行效率也具有重要意义。

国务院发展研究中心原副主任、中国电动汽车百人会理事长陈清泰表示，电动化只是这场汽车革命的序幕；未来汽车领域的竞争焦点将是智能网联；我们的眼光要放远一点，在扎实认真做好电动化的同时，加紧培育和发挥智能网联方面的优势，鼓励互联网巨头与传统车企联合，打造智能网联汽车。

智能网联汽车是未来产业发展的战略制高点。2021年5月8日，工业和信息化部领导在智慧城市基础设施与智能网联汽车协同发展试点工作部署会议上表示："在有关各方的共同努力下，我国智能网联汽车产业发展取得积极成效，2020年L2级智能网联乘用车的市场渗透率达到15%。"

相信在《新能源汽车产业发展规划（2021—2035年）》的指引下，我国智能网联汽车和新能源汽车有望进一步提高汽车节能减排水平和社会运行效率。

多部门通力合作开展减排工作

汽车产业的"碳中和"问题涉及多个部门，包括产业制造部门、交通运输部门、能源生产供应部门、城市建设与管理部门、环境与资源的主管部门以及国家发展改革委等国民经济的综合管理部门。

重庆长安汽车股份有限公司董事长朱华荣表示，供需两端齐发力才能从根本上满足消费需求。他认为，能源结构需配合新能源汽车发展进行同步调整；研究电动汽车作为大型的能源储能单元的调峰作用，优化社会资源的配置；各地方政府与国家战略规划要保持一致，有序地规划新能源车辆的比例及提升路径；构建积分池，解决双积分的问题，平抑价格波动，稳定产业各方的经营预期等。

董扬表示，多年以来，各部门都从不同角度开展过有关汽车的节能减排和减碳的相关研究工作。但是这些研究工作存在角度不同、目的不同和数据不一致等问题。汽车产业的"碳中和"问题是国家碳中和战略的重要组成部分，是需要连续开展40年的长期工作，特别需要构建好框架并打牢基础。汽车产业的"碳中和"研究，很可能需要智库牵头，甚至需要一定的行政干预，确保多部门能通力合作并提供必要的信息。

实现能源的清洁化和交通电动化

汽车产业是国民经济的支柱产业，汽车产品因消耗石油、天然气等化石燃料，成为二氧化碳排放的重要源头。因此，实现汽车产业的"碳中和"成为行业内专家、学者必须研究的课题。孙逢春表示，新能源汽车从实施产品补贴过渡到碳交易与碳奖励，是支持和促进新能源汽车国家战略新兴产业健康和快速发展的必要政策。

中国科学院院士、清华大学车辆与运载学院教授欧阳明高表示，2020年是新能源汽车从政策驱动到市场驱动的转折年，也是新能源汽车利好发展政策纷纷出台的一年，"让我们共同迎接第四次工业革命，也就是以可再生能源为基础的绿色化和以数字网络为基础的智能化"。

环境危机和资源约束会限制汽车产业的发展。董扬提到，历史表明，汽车产业会用技术进步妥善解决环境和资源约束的问题。更为重要的是，新能源汽车和智能网联汽车技术的发展，将使汽车从单纯的交通运输工具发展为移动的能量源和信息源。宁德时代新能源科技股份有限公司董事长曾毓群表示，实现能源的清洁化和交通电动化是"碳中和"的重要保障。锂离子电池的发明和应用让人类进入无化石能源的社会成为可能，该发明已经广泛应用于汽车领域，实现对移动式化石能源的替代。全球新兴能源市场调研机构 SNE Research 发布了 2020 年全球锂电池统计数据，虽受大环境影响，但 2020 年全球的动力电池装机量还是达到 137GW·h，保持 17% 的增长。新能源汽车普及后，与能源网络融合，将会产生巨大的节能效应。

有关专家测算，如果我国绝大部分乘用车采用电力驱动，车辆与电网互动的 V2G 技术也可以普及，完全可以充分起到对电网抑峰填谷的作用，为全社会节约大量的能源，减少大量的碳排放。

寻找汽车减碳突破口

汽车行业作为我国工业的支柱产业之一,在国民经济中起到了不可或缺的作用。新能源汽车在国内的快速发展,离不开新技术的大力支持。

欧七排放标准给我国汽车产业带来挑战

欧盟提出的欧七排放标准要求,汽车尾气的一氧化碳排放量由现在的 500~1000mg/km 减少到 100~300mg/km,氮氧化物的排放量必须降低到 30mg/km。另外,该标准还将强制在欧洲地区销售的燃油车上安装电加热催化器、两个 1.0L 传统三元催化器、一个 2.0L 微粒过滤器和一个氨泄漏催化器,从而进一步降低空气污染物的排放量。该标准建议为传统燃油车加装发动机诊断系统,监控并确保其 15×10^4mi(约 24×10^4km)内依然符合排放标准。

如此严苛的标准是为了实现整个欧洲的碳中和,大力削减整个欧洲车企制造燃油车的空间,迫使其转型。欧洲汽车工业协会(ACEA)在其致欧盟委员会的信函中表示"将于 2025 年施行的欧七排放法规提案,在一定程度上等同于宣布在 2026 年淘汰内燃机汽车"。

欧洲车企接连转型

为了减少燃油车产品的污染物排放量，多家欧洲车企已启动新能源化进程。宝马、奔驰、奥迪等企业陆续发布停止内燃机研发、停售燃油车产品的时间点。

企业毕竟是利益驱动的，违背愈来愈严格的排放标准的代价既可能是高额罚金，也可能是被禁止生产。汽车新能源化的大潮已经到来，企业的出路唯有转型。这些积极带头转型的车企有可能是对汽车新能源化趋势的认可，也有可能是为了在转型道路上乃至转型后的汽车市场中继续保持领先地位。而如果以严苛的排放法规明示车企放弃数十年甚至上百年的内燃机技术积累，则是矫枉过正。

对欧洲民众来说，自己的汽车是否为新能源产品并非十分重要，便宜即可。从销量来看，虽然 2020 年欧洲汽车销量较 2019 年呈现大幅下滑趋势，但新能源汽车市场却异常火爆。以德国为例，2020 年共销售了 194 163 辆纯电动汽车，同比增长 206%。

燃油车历史画上句号

值得一提的是，欧七提案中加装多重尾气收集处理装置以及对传统燃油车加装发动机诊断系统的要求，会导致车企打造燃油车的成本直线上升。目前，即使是搭载 48V 电池的轻混动汽车也无法在任何条件下满足如此低的排放要求。

汽车尾气中主要的污染物，如氮氧化物、一氧化碳等，主要是燃料在发动机中的不完全燃烧所产生的。

参考"国五"向"国六"转变的过程，我国车企大多采用三元催化剂和颗粒捕捉器的组合来应对"国六"排放要求的标准，但这也使得同一台发动机在"国六"排放标准下的动力相比"国五"排放标准下有所降低。

高端燃油车加装此类尾气处理或换装新版本发动机的成本将增加，虽然消费者对此感知并不明显，但成本上升会使原本性价比很高的家用燃油车失去最主要的竞争力。

在2021年6月5日举行的"碳达峰碳中和北京行动高端论坛"上，欧阳明高建议，为促进碳减排，北京应研究出台禁售燃油车政策，逐步将汽车指标全部改为新能源车指标。

欧阳明高表示："我建议我们要逐步将汽车指标全部改为新能源汽车指标，研究出台全面禁售燃油车的政策。早一点出台，引导大家的预期，不要临时出，马上就实施。这样可能大家有点不好接受。"

欧七对国内企业的影响

我国现阶段采用的双积分政策，并不以空气污染物的排放量为主要打分项，双积分更多以燃料消耗量为主，生产低油耗和新能源车型可以让车企积累更多双积分。双积分一方面可以让车企更好地安排新产品的生产节奏；另一方面还可以变现，同其他低分、负分车企交易，相比其他国家，双积分政策在我国对车企的引导性更强。

2016年12月，《轻型汽车污染物排放限值及测量方法（中国第六阶段）》

公告发布,并公布了"国六"标准的排放要求和具体的实施时间。公告要求,最迟到 2023 年 7 月 1 日,全国范围内的新车要全部满足"国六"B 的排放标准。

其具体指标基本追平欧七。在"国六"B 排放标准中,一氧化碳排放量应不超过 500mg/km,非甲烷烃排放量不超过 35mg/km,氮氧化物排放量不超过 35mg/km,PM 细颗粒物排放量不超过 3mg/km。

欧七正式实施之后,我国车企已在低污染的道路上越走越远,汽车产品出口不会受到较大影响。更何况,我国新势力企业崛起,新能源产品在国外也相当具有竞争力。2021 年 6 月 11 日,蔚来 ES8 获得欧盟整车型式认证(EWVTA),这标志着出口欧洲的 ES8 可以量产并在欧盟所有国家正式上牌注册。

减碳新技术

为了应对全球气候变化,我国提出了"3060"目标——二氧化碳排放力争在 2030 年前达到峰值,努力争取 2060 年实现碳中和。做好碳达峰和碳中和工作已经成为我国目前的重点任务之一,为此,各行各业都在力争绿色发展,以实现节能减排的目标。

作为工业大国,我国在工业生产方面的碳排放量比重较大。目前,我国在风电等领域技术已经非常成熟,同时已在积极优化传统能源的使用效率,在电能领域已经逐步实现碳达峰的目标。

新能源汽车减排明显

作为传统的碳排放大户，汽车行业在实现碳达峰和碳中和的过程中应起到巨大的作用。2020年发布的《中国机动车减排标准》白皮书显示，新能源纯电动汽车日均停驶二氧化碳减排量是0.83kg；燃油车日均停驶二氧化碳减排量：1.2L及以下为2.58kg、1.3~1.5L为3.27kg、1.6~1.9L为3.54kg、2.0L及以上为4.55kg。在二氧化碳排放量方面，新能源汽车相比燃油车要低得多。

由此可见，新能源纯电动汽车在节能减排方面有着巨大的优势，大力发展新能源汽车对实现碳达峰和碳中和的目标将起到显著作用。与此同时，新能源汽车产业对于我国在汽车行业实现"弯道超车"也会产生积极作用。

在财政补贴和限行限购等一系列政策的引导下，我国新能源汽车在产销方面增长迅速。乘用车市场信息联席会（简称乘联会）的数据显示，2021年1—5月，世界新能源乘用车销量186万辆，中国新能源乘用车占世界份额的51%，表现非常突出。

全产业链减碳

目前，我国在新能源汽车领域有着巨大的技术优势，实现了全产业链技术覆盖，并由此涌现了一批优秀的品牌和产品。

汽车行业有产业链较长、材料复杂以及生产企业繁多的特点，因此，汽车行业的碳中和也是一项颇为巨大的工程。提高汽车行业的电动化比例是实现碳达峰和碳中和的有效途径，而实现这一切需要全产业链的共同努力。

作为新能源汽车的核心部件之一，动力锂电池在电动汽车的成本中有着较高的占比。其中，电极原材料占据了锂电池价值链的主要部分，约占锂电池总成本的 75%。电池级碳酸锂是锂电池的原料，由于资源方面的原因，中国近 70% 的碳酸锂来自国际市场，深受价格波动的影响。

在动力电池领域，我国已经涌现了一批世界级企业，其中宁德时代稳居第一，已经成为特斯拉多年的合作伙伴；比亚迪也在逐步转型外销，快速发展。电池企业已经深度绑定车企，有着较强的竞争力。

在驱动电机和电控领域，国内启动电机产品和海外品牌处于同等水平，在生产规模和成本上具备优势。而电控系统的主要组成部分 IGBT 模块仍依赖进口，国内有些厂商已经逐步开始生产 IGBT 器件，但受限于芯片产能，目前还不能完全满足市场的需求。

电动化、清洁化、绿色化

以电池驱动的汽车虽然在碳排放方面相比于传统燃油车有着一定的优势，但从"全程碳排放"的角度看，未必更环保。最主要的原因在于，其在生产过程中的碳排放量要高于燃油车，而且锂电池在开发和回收过程中都会带来环境问题。

氢燃料电池汽车作为新能源汽车的另一条技术路线，成了未来产业发展的重点方向。相比传统的燃料电池汽车，它有着充能速度快、无污染、效率高等优势。氢燃料电池汽车通过加氢实现充能，3 分钟左右即可完成充能，用户无须长时间等待；而且仅排放水，可以真正实现"零污染"。

目前，我国在氢能源研发领域也取得了突破。长城汽车积极研发，已实现电堆及组件、燃料电池发电及组件（控制器等）、Ⅳ型储氢瓶、高压储氢阀门、氢安全、液氢工艺六大核心技术和产品的知识产权完全自主化；将率先完成绿电、氢+电储能、燃料电池应用等领域布局，计划推出量产版的大功率燃料电池乘用车。未来，我国汽车产业将逐步通过电动化、清洁化、绿色化实现碳达峰和碳中和的目标。

极星（Polestar）就新能源汽车的环保问题给出了自己的答卷。2020年9月，高端电动车品牌极星公布了旗下纯电动车型极星2（Polestar2）的全生命周期碳排放评估报告。从车辆投产到完成2×10^5km使用，再到完成最后的报废淘汰，这三个阶段组成了报告所指的全生命周期。

以生命周期评估法进行评估的数据显示，极星2下线时的总碳排放量约为26.2t，其中生产锂电池模组排放为7t，这是导致这台车在生产阶段的碳排放量高于沃尔沃XC40内燃机车型16.1t碳排放量的主要原因。

进入使用阶段后，极星2使用纯风电时的碳排放近乎为零，2×10^5km的碳排放总量仅为0.4t。而燃油车仅行驶了5×10^4km，碳排放量便已追平纯电动汽车，此后更是一路飙升，2×10^5km的碳排放总量高达41t，超越前者百倍。

值得一提的是，该报告中还提供了极星2使用全球混合电力和欧洲混合电力的数据，2×10^5km时的碳排放分别为23t和15t。这证明了清洁能源的重要性，只有它才能让纯电动汽车实现真正意义上的"零排放"。但是为什么使用欧洲混合电力的碳排放量少于全球混合电力的？

用四个字概括就是"因地制宜"。

世界各国所处地理位置有差异，拥有丰富煤炭资源的国家主要依靠煤电，其发电碳排放量肯定就会远超全球平均水平；而拥有丰富水力资源和风力资源的国家，碳排放量则较低。

　　欧盟也明示，提出各种环保议案是为了在全球控制碳排放领域获得领先地位，颇具竞争意味。但是，由于二氧化碳等温室气体的过度排放正在给地球及人类带来灾难，这时，竞争是良性的，应当有更多的国家加入这场竞争，要倡导构建人类命运共同体，共同面对全球性挑战。

第二篇

新能源汽车关键技术与演进路线

要点导读

我国发展新能源汽车的技术路线以纯电动为主，以插电混动、增程式为辅，同时从长远来看，向氢燃料电池汽车演进。单从电动汽车来讲，其关键技术在于研发高比能电池及快速充电技术，同时加快试点换电模式。

当前，电池方面的重点任务是开展关键材料和核心技术研究，加强高强度、轻量化、高安全、低成本、长寿命的动力电池和燃料电池系统短板技术攻关，加快固态动力电池技术研发及产业化。

零部件方面需突破车规级芯片、车用操作系统、新型电子电气架构、高效高密度驱动电机系统等关键技术和产品，攻克氢能储运、加氢站、车载储氢等氢燃料电池汽车应用支撑技术。

整车方面需聚焦核心工艺、制造装备等短板弱项，从不同技术路径积极探索，提高关键共性技术供给能力，联合攻关基础交叉关键技术，提升新能源汽车及关联产业融合创新能力。

电池产业还将"三条腿走路"

在电池系统集成方面,宁德时代开发了AB电池系统解决方案,即将钠离子电池与锂离子电池按照一定比例进行混搭,再集成到同一个电池系统里,以电池管理系统(Battery Management System,BMS)精准算法进行不同电池体系的均衡控制。锂离子电池与钠离子电池的混合,能够在提高续航、安全的同时,降低成本。

电动车与燃油车成本的差异主要在于电池,按国内外普遍认可的标准,当电池成本降到100美元[①]/(kW·h),电动车才能在成本方面与燃油车抗衡。但2020年锂离子电池平均成本仍在150美元/(kW·h),钠离子电池的加入将有望降低电池成本,从而加大电动车的普及。

在未来一段时间,钠离子电池、磷酸铁锂和三元锂电将会共同存在,三种电池优缺点互补。钠离子电池成本低,资源丰度高,但是存在能量密度低的缺点。三元锂电池性能强,能量密度高,低温性能优秀,但存在安全性低和成本高的缺点,而且资源稀缺。磷酸铁锂安全性和成本介于钠离

---

① 以2022年1月25日汇率计算,1美元约合6.33元。——编者注

子电池和三元锂电池之间，但是低温性能不好，而且需要锂矿资源。

工业和信息化部强调，锂离子电池是目前主流的电池产品，由于全球锂资源储量有限且分布极不均匀，相关产业发展将面临潜在的资源供给不足问题。

钠离子电池作为极具潜力的新一代电池产品，具有广阔的应用前景，但钠离子电池存在基础研究尚不完备、核心材料亟待突破、组装工艺仍需完善等问题，其体积比、能量比、功率等性能指标尚有不足，整体产业化步伐有待持续推进。

技术多样化，不应忘记混动车

近年来，在相关政策及补贴的引导下，我国电动车销量涨势明显。根据乘联会数据，2021 年上半年，全国新能源乘用车累计销量 1.007×10^6 辆，同比增长 220.9%，位居世界第一，新能源乘用车的总销量已接近乘用车总销量的 10%。

不过，要实现汽车行业的双碳目标，仅仅依靠普及电动车的方式是远远不够的。

中国汽车工程学会特聘顾问、电动汽车产业技术创新战略联盟技术专家委员会原主任、国家新能源汽车技术创新工程专家组原组长王秉刚曾表示，在未来很长一段时间内，燃油车仍将是市场的主体，并占有主导性的市场份额。混合动力是汽车行业实现双碳目标最有效的技术路线。

实施多元化路线

由工业和信息化部指导、中国汽车工程学会修订编制的《节能与新能源汽车技术路线图2.0》提出，中国汽车产业碳排放将于2028年左右先于国家碳减排承诺提前达峰，至2035年，碳排放总量较峰值下降20%以上。

对此，《节能与新能源汽车技术路线图2.0》还制订了实施相应目标的计划。2025年，我国新能源汽车在汽车总销量中的占比将为20%左右；2030年，混动新车在传统能源乘用车中的占比在75%以上；2035年，混动新车在传统能源乘用车中的占比将达到100%。这意味着，国内节能汽车届时将实现全面混动化。

由此可见，混动车和纯电动车都是实现双碳目标的有力途径，共同进步、共同发展是实现双碳目标的关键所在。对此，浙江吉利汽车集团高级副总裁、乘用车动力总成专业委员会（SCP）理事长王瑞平表示，在碳达峰、碳中和的国家环境大战略背景下，未来10~15年传统出行动力必须实现电气化转型升级，要通过内燃机高效化，动力总成电气化，实施包括燃油、甲醇、氢气等多样燃料的多元化战略，从而推动汽车行业实现2030年碳达峰和2060年碳中和的目标。

目前，中国大部分的汽车仍然是传统内燃机汽车，而电动汽车使用的大部分电力来源并不清洁，电动汽车的全生命周期排放并不低，因此，基于当前的能源结构，王瑞平认为中国应该采取混动、电动和清洁燃料多元化发展的路线。

混动技术发展应扬长避短

现今，各类混动车型纷至沓来，各大汽车品牌都推出了纯电续航里程80km以上的插电式混动车型，这足以满足城市用车的需求。这类车型可以让驾驶者根据需求选择电能或者燃油，进一步降低用车能源成本。

虽然混动车型在使用过程中可以降低成本，优点非常明显，但其市场占用率却一直没有上升，呈现"叫好不叫座"的局面。这又是什么原因呢？

一方面，造车成本导致混动车型售价较高，同款车型的混动版要比燃油版贵出5万元～10万元，这让消费者在第一次选购时就"望而却步"；另一方面，混动车型在使用中成本也居高不下，在行驶数年后需要更换电池，这也是一笔数万元的费用。

所以，目前混动车型只是"看起来很美"，虽然节约了能源成本，但用车成本并没有显著降低。一部分消费者表示，选购混动车型所省下来的油费，并没有冲抵更换电池的差价，反倒在维修保养时付出了更高的成本，实在是得不偿失。

一直以来，混动车型的技术专利、核心技术都掌握在国外品牌手中，国内的混动车型制造成本难以降低，自主品牌在混动技术方面受到了制约，应用不够广泛。

同时，混动车型的结构复杂、技术壁垒高、开发周期长，这确实让企业在研发方面感到捉襟见肘，难以大规模推广或降低成本。

针对此类情况，大力发展混动技术，解决企业和消费者面临的问题迫在眉睫。当下,汽车行业由传统燃油车向混动和电动过渡趋势非常明显,我国汽车行业应当把握趋势,紧跟潮流,在节能减排方面积极投入,加大研发力度,争取实现混动技术的全线自主化,把未来的主动权紧紧地握在自己手中。

钠锂集成不同凡响

有人认为,电池的化学体系已很难创新,只能在物理结构上做些改进。但电化学的世界,就像能量魔方,未知远远大于已知。在一个存在万亿瓦时级电池需求的全电驱动社会里,钠电池将与锂电池技术路线同台竞技,更加多元化的技术路线也将助力产业创新与发展。

揭秘钠离子电池

2021年上半年,宁德时代的电池装机量位居世界第一,宁德时代又出大招,仅用了10分钟的发布会便将第一代钠离子电池公之于世。电池是第三次能源革命的动力,电池的革命促使新能源汽车的发展。诺贝尔奖评选委员会称,锂离子电池在手机、电脑、汽车、储能等领域的使用,证明了无化石燃料社会的可能性。所以锂资源万众瞩目,电池企业、车企纷纷抢先布局。

在动力电池后创新时代,锂电池的商用称霸电池行业多年,各动力电池企业几乎都在发力配方和结构改良,而对于底层技术的探索却鲜见踪迹。这些"微"创新没有推动动力电池的革新。

"有人认为电池的化学体系已很难创新，只能在物理结构上进行改进。"曾毓群曾评价。也有人说，这是动力电池行业的"内卷"。确实，化学体系的更新更难，也更具挑战，涉及整个材料体系，要兼顾安全性、能量密度、成本、使用寿命、耐温性、补能速度等维度，其复杂程度难以想象。钠离子电池的出现从某种程度上让我们看到了希望，这是一种材料体系的创新，动力电池行业需要这样的创新。

钠离子电池到底是什么来头，可以一石激起千层浪？钠离子电池有着与锂离子电池相似的工作原理，主要通过钠离子在正负极之间的嵌入、脱出实现电荷转移。相较锂离子，钠离子体积较大，对材料结构稳定性和动力学性能方面的要求更严苛，这也成为钠离子电池迟迟难以商用的瓶颈。

在正极材料方面，宁德时代采用了克容量较高的普鲁士白材料，创新性地对材料体相结构进行电荷重排，解决了普鲁士白在循环过程中容量快速衰减这一核心难题。

在负极材料方面，宁德时代开发了具有独特孔隙结构的硬碳材料，其具有克容量高、易脱嵌、优循环的特性。基于材料体系的一系列突破，第一代钠离子电池具备高能量密度、高倍率充电、优异的热稳定性、良好的低温性能与高集成效率等优势。

锂钠混搭电池包亮相

2021年5月，曾毓群在股东大会上表示，钠离子电池技术已经成熟，钠离子电池产品将于2021年7月发布。2021年7月29日，宁德时代成功地举行了首场线上发布会，董事长曾毓群发布了宁德时代的第一代钠离子电池,同时,创新的锂钠混搭电池包也在发布会上首次亮相。

曾毓群表示,虽然动力电池领域化学体系的革新艰难,但我们认为,电化学的世界,就像能量魔方,未知远远大于已知,我们乐此不疲地探索着其中的奥秘。

事实上,钠离子电池在电池领域并非首次亮相,早在20世纪70年代末期就与锂离子电池同期开始研究。锂离子半径更小、标准电势更高、比容量远远高于钠离子,因此得到了更早以及更广泛的应用,锂离子电池成了主流的动力电池。

钠离子电池拥有很多过人之处:从资源方面来看,它能解决我国锂资源依靠进口、受制于人的现状;我国钠资源相对丰富,它能有效解决资源瓶颈问题。在安全性上,钠离子电池的内阻比锂离子电池高,在短路的情况下瞬时发热量少,温升较低,热失控温度高于锂离子电池,具备更高的安全性。

同时,钠离子电池可以在-40℃~80℃的温度区间正常工作,在-20℃的环境下容量保持率接近90%,高低温性能优于其他电池;在充电方面,其常温下充电15min,电量可至80%以上;在-20℃低温环境中,其也拥有90%以上的放电保持率;在材料方面,钠离子电池具有突出成本优势,由于碳酸钠价格远低于碳酸锂,并且正极材料通常使用铜、铁等大宗金属材料,钠离子电池的正极材料成本低于锂离子电池。使用NaCuFeMnO/软碳体系的钠离子电池的正极材料成本仅为磷酸铁锂/石墨体系的锂离子电池正极材料成本的40%,而电池总的材料成本较后者降低30%~40%。

但是钠离子电池也具有一些先天不足,特别是在能量密度决定论的当下，钠离子电池的能量密度以及体积劣势，成了其商用路上的绊脚石。为此，宁德时代突破性地推出了"AB电池"的解决方案，将钠离子电池与锂离子电池的集成混合共用，这既弥补了钠离子电池在现阶段的能量密度短板，也发挥了其高功率、低温性能好的优势。以此系统结构创新为基础，可为锂钠电池系统拓展更多的应用场景。

钠离子电池前景如何

宁德时代表示，目前正进行产业化布局，预计2023年形成产业链。从制造流程来看，钠离子电池可以实现与锂离子电池生产设备、工艺的完美兼容，产线可进行快速切换，完成产能快速布局，钠离子电池技术势必会出现在我们的生活中。不过，钠离子电池落地之后，想要进入汽车行业，大概率要从"基层"做起。

在低速电动车领域，锂离子电池成本过高而往往无法被消费者接受，劣质锂离子电池频繁出现安全问题也常被人诟病。因此，钠离子电池就拥有很大优势。钠离子电池能量密度和循环寿命不算出色，但远远强过铅酸电池，可以说是降维打击。

2020年，国内新增2966万辆电动自行车，低速电动车行业对于电池需求旺盛，钠离子电池未来有望在这一行业取代铅酸电池成为主要动力电池。在A00级和A0级电动车领域，性价比是决定性因素。对于该级别电动车，消费者更看重价格。因此，A00级和A0级市场将会是钠离子电池应用在纯电动乘用车领域的主战场。商用车同样看重电池成本和续航里程，并且由于自身体积大，对能量密度敏感度较低，如果依靠堆砌钠离子电池数量和体积的方式，也很有想象空间。

光大证券认为，钠离子电池在电动两轮车与 A00 级别汽车领域均有较好的应用前景，预计 2025 年两轮车需求 41GW·h，A00 级汽车需求 34GW·h。若钠离子电池产业化顺利推进，将对铁锂电池实现替代。

此外，储能行业也是钠离子电池的一大市场。2020 年 7 月，新能源成为国家电网第二大电源，预计到 2030 年，煤炭在能源消费中的比例会降到 44%。在碳达峰、碳中和的目标下，中国正在进入一个全电驱动的社会，储能将成为未来电力系统的重中之重。

储能行业使用钠离子电池后，可以有效减少储能电池组对锂、钴、铜等资源的需求，能够进一步增加我国电能储存能力。同时，释放出的锂电池资源能够进入汽车市场，应对日益增多的电动车生产，减轻汽车行业的压力。

中信证券认为，钠离子电池凭借成本优势，有望在对能量密度要求较低的储能、工程机械、通信基站、两轮车等场景实现商业化，对锂离子电池、铅酸电池等成熟的储能技术形成一定补充。

磷酸铁锂（弹匣电池）安全吗

2021 年 5 月 20 日，广汽埃安公开发布磷酸铁锂（弹匣电池）针刺试验视频，这也是行业内第 4 次公开可查的针刺试验。

针刺试验是动力电池测试中一种非常有效、苛刻的方法，而且针头越粗，监测效果越明显。目前，尽管国家没有把针刺试验纳入国家强制性标准范畴，但针刺试验已成为企业间"华山论剑"的关键一招。

全网第 4 次：针刺试验，检验磷酸铁锂（弹匣电池）

此前，为了验证"弹匣电池"的安全性，中国汽车技术研究中心有限公司首席专家、国家电池安全标准起草人之一刘仕强博士带领团队，对搭载了弹匣电池系统安全技术的三元锂电池整包进行了针刺热扩散试验，验证了弹匣电池三元锂电池的安全性。

本次试验采用磷酸铁锂（普通电池）整包和磷酸铁锂（弹匣电池）整包进行对比测试，选择了国标最严苛的试验条件，即在 8mm 最粗钢针直径和 100% SOC（即剩余电量）的条件下进行。

试验结果显示，磷酸铁锂（普通电池）整包在钢针刺入电芯触发热失控后，出现了电压下降、温度上升的现象，最高温度为 329.4℃，并且出现冒烟现象，持续 16min；而磷酸铁锂（弹匣电池）整包被刺后，最高温度仅为 51.1℃，静止 48h 后，单体电压降至零，温度降为室温，且无冒烟、起火和爆炸现象，电池包状态稳定。打开电池系统外壳，其内部结构完好。

从试验结果来看，搭载弹匣电池系统安全技术的磷酸铁锂整包针刺相对普通整包，不冒烟且温度仅为 51.1℃，是目前针刺热失控实验中表现最优的动力电池，刷新了磷酸铁锂电池的安全新高度。

前三次针刺试验，公开验证结果如何

磷酸铁锂电池和三元锂电池是全球电动车行业的两大主流电池技术路线。过去，大家一直在讨论三元锂电池和磷酸铁锂电池谁才是未来。

作为磷酸铁锂电池的代表，比亚迪在 2020 年用针刺试验公开验证了"刀片电池"的安全性，电池被钢针穿刺后，无明火及冒烟现象，无热失控现象，这为磷酸铁锂树立了"非常安全"的形象。

电池技术出身的王传福也曾多次在公开场合建议把动力电池的针刺试验逐步列入国家强制性标准，同时建议把目前热扩散试验要求的不短于 5min 提升到不短于 30min。

钢针穿过"刀片电池"，见证了磷酸铁锂电池的安全性。如果钢针刺一下三元锂电池，结果会怎样？

目前业界公开针刺三元锂电池的案例有两个。第一个是宁德时代。作为三元锂电池巨头，宁德时代公开针刺试验，但结果出乎所有人的意料——钢针断了，根本刺不穿电池。为此，宁德时代还发布微博称："是什么阻碍宁德时代做针刺测试？是技术？是体质？是巨头的面子？不，是钢针！"

第二个是广汽埃安发布的三元锂电池弹匣电池系统安全技术，简称"弹匣电池"，其采用类似安全舱的设计，有效地隔离了电芯热失控的蔓延。电池出现异常时自动降温，是一个软硬件一体化、具备超高防御能力的智能安全技术。

中国汽车技术研究中心公开对弹匣电池进行针刺热扩散试验，试验结果显示：弹匣电池整包在试验过程中热事故信号发出 5min 后短暂冒烟，无起火和爆炸现象，被刺电芯模块热失控没有蔓延到其他电芯，电池整包内部结构完好，首次公开就实现了三元锂电池整包针刺不起火的目标。

实验证明，弹匣电池的出现，解决了选三元锂电池还是磷酸铁锂电池的难题。弹匣电池系统安全技术拥有超高耐热稳定的电芯、超强隔热的电池安全舱、极速降温的速冷系统、全时管控的第五代电池管理系统四大核心技术，可从电芯本征安全提升、被动安全强化、主动安全防控三大方面提升电池的系统安全性能。

烧车包赔，电池安全你敢承诺吗

特来电官方宣布，从 2021 年 7 月 1 日起推行"爱车安全防护服务"，并承诺：在特来电充电设备上充电时，如果车辆着火且无人赔偿，用户的最终损失由特来电承担。

这看似是件利国利民的好事，评价却褒贬不一。有的人认为这是为新能源汽车的推广提供助力，而有的人则认为这是营销噱头。

那么，长期困扰消费者的充电安全难题能否真正得到解决？

"包赔"必须满足前提条件

根据特来电官方公告，依靠"充电网两层防护技术"，即充电设备侧防护和大数据建模，此次"爱车安全防护服务"将为全国电动汽车用户免费提供：充电过程实时安全防护和基于电池长周期数据的故障预警、特来电 App 中的爱车体检报告、事故保障服务（即特来电重点宣传的烧包赔服务），并且特来电计划本次活动要涵盖新车老车、大车小车等所有车辆。

当然，要享受上述服务首先要满足三个前提条件：车辆充电时需上传车架号，用特来电平台启动特来电设备充电，一个月至少在特来电直流快充桩充电5次。值得注意的一点是，在无人赔偿的情况下，特来电才会赔偿。

这意味着用户需要长期与特来电绑定，这将促使其使用特来电的充电服务。

"这有点强人所难。"车主龚先生吐槽，"日常充电还是以方便为主。要么在家充，要么在公司附近充。而且现在很多电动车续航都做到600km以上，几乎很难达到一个月至少在特来电快充桩充电5次的要求。但这对于那些本来就长期在特来电充电的人来说，肯定是一个好消息。"

车主刘先生对特来电的赔偿条件产生了疑惑："我不知道特来电所说的'无人赔偿的情况'是什么意思，只要不是人为损坏或者使用不当导致的电车起火，汽车厂家都会对车主进行赔偿，而且，每辆车也都有保险，保险公司也会赔偿，所以特来电这个服务不太用得上。"但他认为，该服务中提到的电池长周期数据的故障预警和爱车体检报告还是很有用的。

新能源汽车国家大数据联盟发布的《新能源汽车国家监管平台大数据安全监管成果报告》显示，2019年5—8月，新能源汽车国家监管平台共发现79起安全事故，涉及车辆96辆，其中，47辆事故车辆接入国家监管平台，28起事故在发生前10天内国家监管平台已进行预警提醒，预警率达59.57%。

"如果真能在自燃事故发生前就及时预警，提醒车主关注电池的健康情况，及时进行电池的相关保养和更换，避免事故发生，那么这也许才是用户所需要的。"刘先生说道。

解决自燃"内因"才是关键

据悉,特来电在几年前就具备了在充电前(中)为车辆提供"体检",获得车辆安全状态的技术,这也是其敢于提出"烧车包赔"承诺的底气。此举固然值得肯定,但要想减少自燃事故,还需要从根源上解决。

具体到新能源汽车自燃事故的原因,全国乘用车市场信息联席会秘书长崔东树介绍,主要存在以下几种情况:第一,汽车底盘发生碰撞时,内部电池包里的电芯或者高压器件受到挤压或穿刺,以及电池包内部其他部件在碰撞中也有发生短路甚至起火爆炸的危险,易引起火灾;第二,电池前期热管理不足,加之高温季节内部温度偏高,易引起电池热失控;第三,新能源汽车电池在充电过程中,尤其快充方式下,电池风险加大。

"在充电过程、充满电后的静置状态是着火事故的主要构成原因。"北京理工大学副教授、新能源汽车国家大数据联盟副秘书长刘鹏在一次微课堂的分享中谈到,新能源汽车安全事故大多发生在高 SOC 状态。在全国车辆安全事故中,乘用车事故占比高于专用车,达到 56.9%,其中三元锂电池占比最高,达到 88.89%。

新能源汽车车企为了争抢市场,不惜铤而走险,压缩研发周期,减少安全性测试,这样必然会导致一定的安全隐患。

欧阳明高指出,目前很大一部分企业并没有建立企业内部的电池安全测试标准,甚至没有电池安全测试能力,再加上部分企业强行使开发周期为 24~28 个月的动力电池产品追上一年一调整的补贴周期,进而导致电池的研发、测试验证周期不得不缩短,或许这才是触发新能源汽车自燃事故频发的关键因素。

崔东树也透露，最近一系列自燃事件的核心原因是"设计不合理"，而不仅仅是电池本身的问题。

时刻保持警惕心

随着新能源汽车保有量不断攀升，充电安全已经成为影响新能源汽车使用安全的一大关键因素。据不完全统计，2020年全年累计有124起新能源汽车事故被媒体报道。即便2020年上半年公众出行有一定程度的减少，起火事故依旧在持续增加。

针对新能源汽车自燃的现象，2020年10月27日，由工业和信息化部、中国汽车工程学会组织全行业1000余名专家修订编制了《节能与新能源汽车技术路线图2.0》。该文件首次在新能源汽车安全方面设定了目标：到2025年、2030年、2035年新能源汽车的起火事故率要分别小于0.5次/万辆、0.1次/万辆和0.01次/万辆。

近年来的电动车起火事件引发了消费者对其安全性的诸多担忧，因此，对起火事故率的目标设置，也体现了对新能源汽车消费信心的保障。

如何实现上述规划的目标？车企要不断提升产品技术，要严把质量关和安全关，避免过度追求高能量密度、超长续航等指标。

此外，新能源汽车补贴新政时间的延长，给了车企更长的缓冲期。补贴新政还强调了"技术指标稳定"，这意味着政策对电动车的要求不再是盲目追求"能量密度"。产品换代周期的放缓，也使得新能源汽车质量更加有保障，自燃事故率也趋于降低。

同时，车主也要对车辆负责，除了尽量避免私自改装，还应对车辆进行定期保养检查，时时保持警惕以应对突发的自燃事件。

只有新能源汽车的参与方都积极行动起来，才能让自燃事故真正减少，从而更好地保障新能源汽车的使用安全。

⤴ 换电的技术创新

2021年5月，国家市场监管总局（国家标准委）批准发布的《电动汽车换电安全要求》国家标准，成为汽车行业在换电模式领域制定的首个基础通用国家标准，为发展换电模式迈出了坚实的一步。换电模式应用试点的建设，也将进一步促进新能源汽车换电模式的创新应用，推动新能源汽车与能源深度融合发展，支撑碳达峰、碳中和目标的实现。

换电续航，时刻要规划线路

很多人购买纯电动汽车时无非担心两点：一是续航；二是充电便捷性。对于换电新能源汽车来说，更是如此。

不存在换电难

目前北京市的出租车换电设施和服务由奥动新能源公司提供，布局较为完善。打开司机端的"奥动换电"App，就可以看到距离司机当前位置最近的换电站。

除了距离位置信息，"奥动换电"App还显示换电站内电池电量、电池数量、当前排队车辆等其他信息。

奥动换电网络大数据运营后台信息显示，北京红领巾桥换电站是市内热门的站点之一，日均为车辆提供换电服务320次以上。在北京寒潮到来的那段时间，该站点换电频次比平时高出30%，最高达到每天490次。为应对寒潮的换电高峰，奥动为市内热门换电站满配储备电池60块，以保证比日常更高频的换电需求，为司机提供更高效、更良好的服务体验。

时刻要规划线路

"我的活往哪里拉，电量不够了是换电还是充电，脑子里老得琢磨这个，比如说现在几点了，我要奔哪儿走，哪儿能充电，而且哪儿还能有活拉，不像燃油出租车，加一箱油就可以无忧无虑地去跑活。"这是一位北京的哥的想法。

司机师傅介绍，他所驾驶的出租车型号为北汽EU300，冬天的电池续航能力要打7折。在使用成本上，电价比油价便宜，但是该车型的份子钱比燃油车高，差额约为1000元。电动出租车每月份子钱不到5000元，燃油出租车在3800元左右，与其他的开销相比，这1000元是出租车司机必须多支出的一部分。同时，电动车不同于燃油车，油价是上下波动的，而电价是固定的。"比如今天我不跑活，休息了一天，与燃油车相比，新能源出租车的停运成本要更高。"从另一个角度来说，这是新能源汽车"不养闲人"的表现。

司机师傅表示，目前这台EU300的电池电量为48kW·h，在冬天的续航表现基本上要打 6~7 折,要是在北京最寒冷那几天,续航基本要砍掉一半。换电站到了晚上,更换的电池电量最高在 40% 左右,因为到了晚上,会有很多出租车司机同时更换电池,导致换电站的充电速度跟不上需求。可能一座换电站有 5 块满电的电池,其他电池还在充电,前 5 位司机换走满电的电池,后来的司机可更换的电池的电量只会越来越少。

续航问题依然存在

虽然现在驾驶的是新能源出租车,但司机师傅表示这也是被动的选择。2018 年,北京市政府印发了《北京市打赢蓝天保卫战三年行动计划》通知。该通知内容显示,北京将优化调整交通运输结构,大力推进车辆电动化。到 2020 年,公交车、物流车将全部新能源化,非新能源车不得上路。

同样,在 2019 年,北京市交通委出租租赁汽车管理处相关负责人表示,到 2020 年年底,北京将有近 2 万辆出租车更新为新能源电动出租车,这些更新的新能源巡游出租车替换了北京将要到期报废的巡游出租汽车,超过北京出租车总数的 20%。新一代新能源出租车续航里程超过 350km,同时,新增的巡游出租汽车只有且只能是新能源汽车。

司机师傅表示,自己还是不太愿意开新能源汽车,原因说到底还是续航。出租车公司若更换续航能力更高的车辆,随之而来的成本上升会均摊到司机的头上。另外,司机师傅还透露,企业方面考虑到现有车辆的续航能力无法让司机较好地工作,2021 年春节后更换或者新增的新能源出租汽车的续航里程达到 400km。同时,现有的续航里程 300km 的出租车也将换上拥有 400km 续航里程的电池。

从司机师傅的话语中，我们可以感受到，新能源汽车作为出租车在使用成本上相比燃油车确实有优势。同时，现阶段换电站的建设也能基本满足司机群体的使用需求，换电之于充电也是一项优势。但不容忽视的问题依然是续航这个老生常谈的问题，而且在冬天尤为明显。

为此，市面上已有部分新能源车型搭载了热泵空调系统，相比传统的PTC加热，该系统的热效能系数比PTC加热高出2~3倍，可以有效延长20%以上的续航里程。但制约这项技术大规模应用的因素也是不容忽视的，一是热泵空调的系统管路较普通空调系统更为复杂，增加了布置难度；二是热泵空调系统成本明显高于普通空调系统。所以，市面上的车款上搭载热泵空调系统的并不多见。但从趋势来看，越来越多的车企将会搭载热泵空调，该领域市场前景广阔。

当车企在电池续航与成本之间难以找到平衡的时候，不如设法降低每公里的电耗，提升司机的驾驶感受。这也会逐渐增加新能源汽车在出租司机群体中的美誉度，更有利于推动新能源汽车普及率的上升。

换电迎来契机，七大优势逐渐克服痛点

中央电视台曾报道工业和信息化部联合国家能源局于2021年下半年组织开展新能源汽车换电模式应用试点的消息。报道称，鼓励新能源汽车在公交、出租、物流配送、港口、矿山等公共领域率先试点，并在私人领域推动商业化运营。此前中国电动汽车充电基础设施促进联盟发布了当月电动汽车充换电基础设施运行情况，数据显示，截至2021年4月，我国换电

站保有量已达 617 座，同比增加超过 40%。换电模式又重新回到公众的视野，进一步推动汽车与能源、交通、信息、通信等产业深度融合。

蓄势待发，政策一直在对换电"吹风"

近年来，政府部门一直在出台相关文件，鼓励推行换电模式。2019 年 6 月，国家发展改革委等三部委联合发布《推动重点消费品更新升级畅通资源循环利用实施方案（2019—2020 年）》，明确提出了鼓励企业研制充换电结合、电池配置灵活的新能源汽车产品的内容；2020 年 4 月，财政部等四部委联合发布《关于进一步完善新能源汽车推广应用财政补贴政策的通知》，明确对换电车型不设置 30 万元以下补贴门槛；同年 10 月，国务院发布《新能源汽车产业发展规划（2021—2035 年）》，提出将大力推动充换电网络建设，鼓励开展换电模式应用。

2021 年 3 月，海南省拟在海口等区域开展换电站建设试点；2021 年 5 月市场监管总局（国家标准委）批准发布 215 项重要国家标准，其中就包括《电动汽车换电安全要求》国家标准，这是汽车行业在换电模式领域制定的首个基础通用国家标准，有助于提升换电电动汽车在机械强度、电气安全、环境适应性等方面的安全水平，保障换电电动汽车的安全性。

迎来契机，七大优势逐渐克服痛点

充电模式发展迅速，但其痛点依旧存在。一位想要入手新能源汽车的消费者说："现在的新能源汽车确实挺酷的，但充电真是个问题，找不到桩不说，关键是充电慢，不像加油，几分钟就搞定了。"

当前我国新能源汽车充电基础设施仍然以充电桩为主，且普遍为慢桩。虽然在新基建的号召下，我国充电桩、充电站建设已经实现进一步覆盖，快充技术正在迅速迭代，但是对于快节奏的消费者来说，相比传统燃油车的"加油即走"，目前充电桩的效率无疑是不足的，充电难、充电慢等问题仍让消费者对新能源汽车望而却步。

孙逢春曾表示："换电模式应用是提升新能源车销量最好的运营模式。"据了解，换电模式最先被物流车、出租车等应用，较低的购车成本和补电成本、配套的换电服务让司机师傅省心、省钱。从目前的实际运行情况来看，换电的优势逐渐显现，表现在如下几个方面：一是实现车电分离，降低购车成本；二是便携性强；三是增加了电池的安全性；四是解决老旧小区充电难的问题；五是降低充电成本，降低电网负荷；六是让电池更高效，使出行更高效、更低碳；七是推动储能发展。中国工程院院士吴光辉曾表示，未来电动汽车能够有长足的发展，而换电模式将迎来推广应用的机会。

资本涌动，换电大潮即将到来

相关数据显示，我国换电站已达617座，奥动、蔚来、伯坦三员大将在行业内熠熠生辉，其中奥动、伯坦面向公共领域，蔚来为自己的车主客户提供服务。

奥动新能源换电站首次亮相上海车展引起了大家驻足，截至2021年4月，奥动换电站数量已接近全国半数，目前已实现21种车型共享极速换电服务，从车辆在换电通道停稳到换电完成，全程只需20s，已经在出租、共享等B端行业树立了不错的口碑。

2021年5月6日，蔚来在挪威战略中提到，首批4座第二代换电站将于挪威投入运营。蔚来第二代换电站是全球首个量产实现车辆自动泊入的换电站，是由软件定义的端云结合的智能换电系统。用户无须下车，在车内即可一键启动自助换电。第二代换电站每天可提供最多312次换电服务，有效提升了换电效率。

数据显示，截至2021年3月30日，已经有5001家企业在经营范围内新增"新能源汽车换电设施"。一级资本市场也开始活跃，高瓴资本、红杉中国、汇丰银行、字节跳动等巨头都积极介入产业链相关企业。

资本市场躁动的同时，业界专家也提醒，标准化成为新能源汽车换电站运营最核心的问题，同一车企电池也不尽相同，车企之间的电池技术、标准和规格更是千差万别，换电站建设也处在"单打独斗"的阶段，电池大规模流通存在障碍，换电模式还有很长的一段路要走，需要多方合力共同推动。

案例　北京新能源汽车换电优势及意义

2021年以来，新能源汽车换电模式热度持续攀升。先是全国"两会"提出要加大充换电新型基础设施的建设力度，换电站以新基建的概念第一次被写入政府工作报告；后是工业和信息化部、国家能源局联合开展了新能源汽车换电模式应用试点工作，以促进新能源汽车换电模式创新应用；再有国家正式批复《电动汽车换电安全要求》，这也是我国汽车制造业在换电行业制定的第一个基本通用性国家行业标准。

除了国家层面,各地方也在不断地加大换电模式探索。北京市正在向国家有关部门申报全国第一批新能源汽车换电试点城市。北京市申报换电试点有何优势?发展目标是什么?对全国推广又有哪些好处?

北京:九大换电优势

自 2008 年起,北京市先后在公交、出租、货车、私人、租赁等多个领域开展换电模式的试点示范工作,目前换电模式车辆应用初具规模,运行良好。

车辆运营方面:截至 2021 年 6 月,北京市累计推广换电模式车辆 2.33 万辆,其中出租汽车 1.2 万辆,私人小客车 1.1 万辆,货车 200 余辆,租赁汽车 77 辆。换电版车辆整体运行良好,以出租汽车为例,各项运营指标与燃油车基本持平,可以基本满足使用需求。

换电站运营方面:目前全市已建成换电站 181 座,其中已投运换电站 134 座,日最大服务能力为 2 万余次。

科技创新实力强劲,创新资源集中:北京市聚集了清华大学、北京大学、北京理工大学、汽车工程学会、汽车工业协会、国家新能源汽车技术创新中心、国家智能网联汽车创新中心以及北汽新能源试验中心等科研机构,技术储备雄厚;北京市已形成涵盖换电、电池评估及梯次利用等方面的多项核心技术,牵头形成换电相关标准 30 项,在换电产品性能方面国内领先。

产业基础厚实领先,汽车产业基础扎实:北京市聚集了北京奔驰、北汽新能源、北汽福田、北汽海纳川等全国知名企业。

智能网联全国引领：北京市在车联网无线通信、5G、人工智能、大数据等关键技术突破和系统研发、测试和示范应用方面国内领先，形成了完善的换电产业布局；北京市具有换电整车企业3家，换电站开发及运营企业3家，换电设备生产企业1家，电池梯次利用企业1家，电池生产企业3家，出行服务商1家。

能源供给方面，换电设施建设全国领先：北京市中心城区平均换电服务半径已实现小于5km，可满足1.5万辆以上出租汽车的换电需求。

V2G技术试点全国领先：北京市已建成全国第一个商业运营的V2G充放电站——中再中心车网互动示范站。电网运行保障不断加强，北京市城乡供电能力持续提升，2020年年底全市外受电通道达到12条26回路，输送能力达到3.1×10^7kW；本地电源装机总容量1.318×10^7kW，可再生能源装机2.198×10^6kW，占比达到16.6%。

保障体系方面，促进推广应用：北京市给予充换电兼容模式的纯电动车奖励资金和奖励指标，鼓励纯电动出租汽车的推广应用。

优化建设政策环境：2019年10月，《北京市城市管理委员会关于进一步明确经营性集中式充换电设施的通知》（京管发〔2019〕126号）印发，该通知明确换电站属于经营性集中式充换电设施。

规范安全生产：北京市在全国率先印发了《北京市城市管理委员会关于印发北京市电动汽车社会公用充换电设施安全生产管理办法（试行）的通知》（京管发〔2020〕5号）。

五大试点目标

北京市申报首批试点城市,将以推动换电车辆应用和能源革命融合为内核,开展技术创新、产业链建设、车辆推广应用、能源保障体系构建、政策标准体系构建工作,推进北京市新能源汽车产业换电模式有序发展。

技术创新方面:以提升换电产品的兼容性、安全性、便捷性和经济性为目标,推动关键技术研究,试点期末形成国内领先的车辆—电池—换电结构关键技术体系。

产业链建设方面:推进技术、产品、服务和政策资源紧密协同,形成需求旺盛、供给充足、要素丰富的发展生态,促进企业逐步走向独立、可持续的商业运作模式。

车辆推广应用方面:聚焦出租汽车、租赁汽车、私人电动小客车、渣土砂石运输车四类应用场景,明确推广模式和路径,试点期末全市换电模式车辆保有量不低于5.5万辆。

能源保障体系构建方面:按照适度超前、布局合理、智能高效、集约利用的发展原则,因地制宜、统筹推进多形式、多模式能源补给方式,试点期末全市换电站保有量不低于240座。

政策标准体系构建方面:形成涵盖顶层设计、技术创新、产业落地、推广应用、能源保障、安全监管六大方面的政策机制体系;推动换电站规划、建设、运营、共享等有关标准出台,形成车辆、电池、换电站、电网之间互联互通、协同发展的换电模式标准体系。

打造四项技术创新体系

一是促进车站技术实现兼容并互联互通：研发车站数据互联互通技术；推动研究换储充一体架构，实现换电站与电网互联互通。

二是优化换电模式电池，使用安全监控技术：开展电池健康评估技术研究，优化电池预测模型；研究电池智能监控技术、电池及换电机构故障监测诊断技术；开发恒温液冷系统。

三是提升换电模式电池标准化水平和智能便捷性：开发电池智能调动技术，柔性智能加解锁技术，优化换电站智能管理算法；开发高兼容快换电池系统，研发标准化快换动力电池包。

四是推进一体化智能共享换电平台建设：开发高兼容型智能共享换电站平台，将充电机柜、电池支架、电池和温控系统等设备整合于一体，实现电池的存储、充电、监控及充电环境温湿度控制等功能。

施行换电试点的意义

首先，政策体系方面，做好安全监管。加强换电设施产品的质量检测、标识评定和验收管理；发挥属地安全监管职责，形成定期安全检查制度；建立事故溯源机制，强化电池企业的安全源头责任。

其次，加强线上实时监测功能，充分发挥平台安全预警作用，推进跨平台信息交换共享和安全预警，进一步加强各类设施的互联互通；基于现有新能源汽车平台等进行功能架构升级和整合，充分利用大数据信息价值，完善"数据聚合层、社会服务层、决策支持层"三级体系建设。

再次，标准体系方面，推进纯电动乘用车换电通用平台标准化。规范车辆轴距尺寸范围、电池包规格尺寸、电压平台车辆与站通信协议。加快车载换电系统标准化，规范冷却接口、电气接口、换电机构等，从软硬件层面促进通用互换性。

最后，推进换电站端智能化标准化方面，在规范换电设备规格型号的同时，进一步提升自动识别车辆、电池类型，以及电池包安全性检测、换电站自动温控等方面的智能化、标准化水平。加快车辆与车站的互联互通标准化，在车站互联互通、电池包与站互联互通、电池大数据分析、安全预警等层面，统一通信协议。

加氢：氢燃料电池产业真能"氢"而易举

氢燃料电池具有环保性能佳、转化效率高、能量密度高等优势，可被应用于储能发电、新能源汽车便携式电源等多个领域。碳中和宏伟战略目标的提出，也为氢能发展创造更多的空间和可能，全社会发展氢能的共识不断增强。《新能源汽车报》通过各方搜寻，整理了2021年上半年国家及典型省市出台的氢燃料电池相关政策及基础设施建设情况。氢燃料电池提及率提升后，相关基础设施力度也随之加大。

氢燃料电池提及率上升

2020年10月27日，中国汽车工程学会发布的《节能与新能源汽车技术路线图2.0》明确提出，我国在2020年实现5000辆级燃料电池汽车应用，在2025年实现50 000辆级的应用。2021年6月28日，工业和信息化部发布的《2021年汽车标准化工作要点》中也提出："要聚焦燃料电池电动汽车使用环节，推动燃料电池电动汽车能耗及续航里程、低温冷启动、动力性能、车载氢系统、加氢枪等标准制修订。"

自氢燃料电池提及率上升以来，各地政府、各方企业以及新成立的各类联盟也成为推动产业发展的重要力量，如山东、上海等省市纷纷发布相关政策，同时成立氢能与燃料电池汽车联盟和产业基金，以企业发展和资本投入为纽带，初步形成了产业集群，开展了一定规模的示范应用。上海市十分重视氢燃料电池的示范应用，2021年6月8日上海市政府新闻发布会透露，上海市正在加快交通能源的结构转型，截至2020年，上海市累计推广新能源汽车42.6万辆，"十四五"期间，上海市还将持续推进这项工作。

山东是能源生产和消费大省，但能源消费中煤炭比重偏高、电力消费中煤电比重偏高的"两高"问题较为突出，推广氢能应用有助于缓解当前山东省能源结构面临的能源紧缺和环保制约。2021年4月16日，科技部与山东省人民政府签署"氢进万家"科技示范工程框架协议，这是我国加快能源结构优化进程的重要战略决策，山东也成为全国首个大规模推广应用氢能的示范省份。

上海市积极支持新能源汽车发展，持续鼓励社会乘用车领域电动化推广，公交车、巡游出租车、新增或更新车辆原则上全部使用新能源汽车，新能源和清洁能源公交车比重达到96%，开展氢燃料技术在交通领域的示范应用，推进港区和机场内设备的能源结构转型。

除了上述省市，广东、浙江、天津、贵州、江苏等省市也都在2021年上半年相继出台了氢燃料汽车相关政策规划。

基础设施建设力度加大

近年来,随着氢能提及率的不断提升,全国多地都在持续推进氢能产业发展,为了更加高效、高质量地将氢能广泛应用于交通、工业、家庭用能等领域,各地开始在基础设施上不断加码。

广东省人民政府官网显示,在加氢站规划建设方面,广东省要在珠三角核心区、沿海经济带布局建设约300座加氢站,同时,要着力完善产业配套,依托广州市、深圳市、佛山市等地的氢燃料电池汽车产业的先发优势,加强氢燃料电池与系统、储氢系统、整车等检测能力建设,打造氢燃料电池国家级检验检测认证中心。

河南省也按下氢能产业布局"快进键",力争到2023年,实现各类氢燃料电池汽车推广应用3000辆以上,加氢站建成50座以上。2021年6月24日,河南省人民政府网站显示,河南省已与英国就氢能合作达成协议,先期投资1亿元,并在河南省焦作市温县建设氢能产业园。2021年5月8日,河南省开封市正全力推进"制造立市"战略,着力打造的高端制造业及新能源、新材料产业又获新助力。据悉,此次将投资30亿元打造全链条氢燃料电池汽车产业。

2021年5月24日,山东省人民政府官网显示,山东省首个加氢母站于2021年5月23日在济南市莱芜区正式投产,首批氢能重卡投入运营,标志着山东省"氢进万家"首个项目落地,山东成为全国首个氢能大规模推广应用的示范省份。

潍坊市工信局于 2021 年 4 月 21 日召开全市燃料电池汽车推广应用研讨会，与各企业研讨物流干（支）线运输中应用氢燃料电池车的合作模式"雷丁芒果"系列车型推广与全市供电网点、充电设施建设的共生发展模式。

北京作为氢能汽车示范城市，不仅确定了氢能发展的大致方向，还具体列出了开展部分氢能示范项目、燃料电池汽车基地等措施。《北京市氢能产业发展实施方案（2021—2025 年）》（征求意见稿）中提出，2023 年前建成 37 座加氢站，推广燃料电池汽车 3000 辆；到 2025 年，新增 37 座加氢站建设，燃料电池车累计推广突破 1 万辆。

整体来看，2021 年上半年在各项利好政策的助推下，氢燃料电池无论在受重视程度方面还是在具体基础设施建设方面，都取得了较大幅度的增长。业内专家指出，目前，中国政府部门、中外车企和相关机构正加强合作，积极推进加氢站的建设，并通过示范运行自主研发的氢燃料电池汽车，2021 年中国氢燃料电池汽车市场有望实现爆发式增长。

为何有车企唱衰氢燃料电池

大众集团首席执行官赫伯特·迪斯在接受《财富》采访时说："你们将不会在汽车上看到任何氢能的使用，在这个汽车市场上应用氢能的想法太乐观了，即使在十年后也不可能，因为其不符合物理原理。"

特斯拉公司首席执行官埃隆·马斯克对此十分认同，曾表示："氢燃料电池应该被称为'智商税'，用在汽车上相当愚蠢，即便用在火箭上也不怎么样，但至少没那么荒唐。"

一个是传统车企电动化转型的代表，另一个是电动汽车领域的头部品牌，两大车企都不看好氢能在汽车领域的运用。其原因到底是氢能用在汽车上不切实际，还是他们害怕氢能汽车的发展威胁到自身的地位？

欧洲日韩积极布局，成熟产品已经上路

近年，欧洲各国纷纷发布政策推动氢能发展。

以德国为例，2020 年 6 月，德国政府正式通过国家氢能战略，为清洁能源未来的生产、运输、使用和相关创新、投资制定了行动框架。

德国政府在战略中认定，经可再生能源生产的"绿色氢能"具有可持续性，对于德国的核心工业（如钢铁和化学工业）以及交通运输部门达成脱碳目标至关重要。未来，氢能技术还可以发展成德国出口的核心业务领域。

在能源企业中，德国蒂森克虏伯集团计划扩大"绿氢"生产规模。德国西门子能源宣布继续淘汰化石能源等核心业务，大力发展"绿氢"。

戴姆勒、斯堪尼亚、曼恩、沃尔沃卡车等车企组成联盟签署了承诺书，承诺将逐步淘汰传统内燃机车型，专注于氢气、电池技术和清洁燃料的开发。

欧盟制定了"2050 年前气候中和"的目标，并已经将氢能作为未来降低碳排放的主要发力领域之一。

即便欧洲如此明确地将氢能作为未来降低碳排放的主要发力领域，赫伯特·迪斯对于氢燃料电池却一直不太看好。早在 2019 年，迪斯就表示氢电池成本高昂，并且不比纯电汽车更为环保，同时，生产氢会耗费更多的

电力，整车造价会因此被拉高。同时，燃料电池的造价并不便宜，电动车才是目前环保且廉价的环保选择。

日韩方面深耕氢燃料电池领域多年。以丰田汽车为代表，1992年，丰田便开始了燃料电池汽车的研究，在1996年推出了第一款燃料电池概念车——FCHV-1，续航里程达到250km。

丰田在2015年推出了较为成熟的氢燃料电池汽车产品——Mirai，并上市销售，该车在当年的续航达到312mi（约合502.12km），超过当年的电动汽车续航之最——特斯拉Model S P85D的270mi（约合434.52km）。紧随丰田步伐，本田在2016年推出了氢燃料电池汽车Clarity，续航366mi（约合589.02km）。2020年，丰田汽车在日本推出了最高续航里程可达850km的丰田第二代Mirai。

2021年2月，丰田汽车宣布研发出氢燃料电池系统模块包，该模块包可以灵活运用到卡车、客车、火车、轮船等不同用途的移动或固定发电机上，于2021年春季开始销售。

韩国的现代汽车也在2018年上市了氢燃料电池汽车NEXO。2020年，现代汽车更新了"2025战略"，并将氢能解决方案作为三大支柱业务方向之一，推出了燃料电池系统品牌"HTWO"。

2021年1月，现代汽车在中国投资成立了现代汽车氢燃料电池系统（广州）有限公司。该公司是现代汽车在海外建立的第一个氢燃料电池系统生产和销售基地，同时也是中国首家大型氢燃料电池系统生产专用工厂。

氢燃料电池发展不易，未来前景仍值得期待

氢能是公认的理想能源，其三倍于汽油的能量密度和唯一排放物为水的特点，让各个领域对其心驰神往。

氢能在汽车上有两种应用方式：一种是氢燃料电池；另一种是氢内燃机。后者因为安全性问题、存在污染等原因早已被淘汰。目前，大部分布局氢能路线的车企采用的都是氢燃料电池技术。

虽然技术路线已经相对明确，但是，氢燃料电池的大规模推广仍存在极大困难。

一方面，氢气无法直接使用，需要制取、净化。而现在主要有如下几种制氢方式：电解水制氢法，缺点是成本高、耗电量大；甲醇裂解制氢法，缺点是生产规模有限；焦炉气中取纯氢法，缺点是会生成甲烷和一氧化碳，造成污染；天然气制氢法，缺点是工艺复杂、原料利用率低。

由此可见，现阶段没有一种完美的制氢方式可以同时满足大规模制氢、成本低、无污染的要求，各种制氢方式都无法满足未来氢燃料电池汽车大规模发展的需求，有的甚至可能与环保的理念背道而驰。

另一方面，氢燃料电池汽车的制造成本也是车企需要考量的因素。燃料电池堆在氢燃料电池汽车的制造成本中占据了很大一部分。长城汽车股份有限公司总裁王凤英表示："在整车制造方面，燃料电池系统及储氢系统约占整车成本的65%，是降低成本的关键所在。"

同时，氢燃料电池需要铂催化剂来加速反应，但铂材料极为稀有，而且冶炼提纯难度较高、费时费力，这也是导致氢燃料电池成本较高的原因

之一。因此，和同品牌同级别的车型相比，氢燃料电池汽车售价往往要高出一倍。

作为新能源，氢燃料电池还面临诸多方面技术不成熟的问题。但氢作为燃料的巨大优良前景摆在眼前，相信随着技术的进步，其普及不是遥不可及的。

案例　京沪"氢城"打造

在"2030年达到碳达值，2060年实现碳中和"的愿景牵引下，中国能源结构转型按下"加速键"。据预测，到2030年，氢能产业将成为中国新的经济增长点和新能源战略的重要组成部分。随着氢能产业被写入"十四五"规划，其将迎来十年黄金发展期。

目前，各地方与企业积极开展产业布局和项目建设。在发展进程方面，北京和上海始终保持前列，两座城市在目标、布局和推广上也有其各自的特点。

目标远大，上海早北京两年突破万辆

在氢能产业发展规划上，京沪两地均发布了当地氢燃料电池汽车5年规划，在具体实施上也有长远规划和总体布局。

2021年4月7日，北京市经济和信息化局发布了《北京市氢能产业发展实施方案（2021—2025年）》（征求意见稿），给北京未来氢能产业发展划定了总体目标，同时，分别列出了2023年和2025年的阶段性目标。2023

年前，培育 5~8 家具有国际影响力的氢能产业链龙头企业，京津冀区域累计实现氢能产业链产业规模突破 500 亿元，减少碳排放 1×10^6 t。交通运输领域，力争建成 37 座加氢站，推广燃料电池汽车 3000 辆。2025 年前，培育 10~15 家具有国际影响力的氢能产业链龙头企业，形成氢能产业关键部件与装备制造产业集群，建成 3~4 家国际一流的氢能产业研发创新平台，京津冀区域累计实现氢能产业链产业规模 1000 亿元以上，减少碳排放 2×10^6 t。交通运输领域，力争完成新增 37 座加氢站建设，实现燃料电池汽车累计推广量突破 1 万辆的目标。

上海则在 2020 年 11 月 13 日发布的《上海市燃料电池汽车产业创新发展实施计划》中提出，到 2023 年，上海燃料电池汽车产业要实现"百站、千亿、万辆"总体目标，规划加氢站接近 100 座并建成运行超过 30 座；实现加氢网络全国最大，形成产出规模约 1000 亿元，发展规模居全国前列，推广燃料电池汽车接近 1 万辆，应用规模全国领先。业内预计，随着《上海市燃料电池汽车产业创新发展实施计划》的发布，上海发展氢能产业的节奏将加快。

示范推广，冬奥会助力北京拔头筹

北京在推广氢燃料电池汽车的应用上充分发挥了区位优势，例如，服务 2022 年北京冬奥会。北京将依托 2022 年冬奥会及冬残奥会，建设氢燃料电池汽车示范工程，应用燃料电池汽车，在延庆等山地赛区承担观众或工作人员的运送服务。据了解，延庆赛区赛时燃料电池车的客运服务应用规模达 212 辆，赛后部分车辆用于区内、与市区连接的公交服务用车，部分车辆作为旅游客车和通勤客车服务于市内旅游客运和班车通勤。

上海在推广应用上则是以示范区为中心，辐射周边地区。《上海市燃料电池汽车产业创新发展实施计划》指出，将以上海为龙头打造氢走廊核心点，联合长三角主要城市启动建设4条氢高速示范线路，力争打造长三角燃料电池汽车示范区，围绕嘉定电动汽车示范区，开展燃料电池公交客车、共享班车、环卫车、私人乘用车的示范应用；围绕青浦国家物流枢纽，开展燃料电池物流车物流配送的商业性示范应用，涵盖专用配送、快递、邮政、冷链等应用场景，优先给予本地牌照燃料电池物流车城区内配送通行权；围绕浦东和虹桥机场、宝山宝钢工业园、金山化工区、临港新片区及洋山港，积极开展燃料电池重型卡车、拖引车、短驳车、摆渡车、叉车等示范应用，重点推进上汽—上港—中移动联合承担的洋山港跨东海大桥燃料电池集装箱卡车示范运营项目。

布局各异，上海氢能港 vs 北京能源谷

上海在氢能产业发展方面具备三大优势：氢气资源优势、加氢站先发优势、高端制造优势。据了解，上海正研究制定《上海市燃料电池汽车加氢站建设运营管理办法》和《上海市车用加氢站布局专项规划》，力争用完善的氢能产业链上下游的政策体系，推动上海"氢能港"的建设。

截至2020年年底，上海已建成加氢站9座。2020年全市加氢站累计加注燃料电池汽车5.5万车次，累计加注氢气2.987×10^5 kg。

北京是京津冀氢能产业的牵头城市。在产业布局方面，北京将以昌平"能源谷"建设为核心，向南融合海淀，向北辐射延庆、怀柔，在北部区域打造氢能产业关键技术研发和科技创新示范区；依托大兴、房山、经开区，构建氢能全产业链生态系统，在南部区域打造氢能高端装备制造与应用示范区；推动京津冀地区产业链协同互补、跨区域产业链条贯通与联合示范应用，集聚制、储、运、加、用全产业链。

在加氢站等配套设施方面，北京已经基本形成氢气制储运加、检测认证、燃料电池电堆/系统及零部件、整车制造的全产业链。就基础设施来看，同期北京已建成加氢站3座，正在建设的有1座，并有超过20座正在规划中。

京沪两地在氢能产业发展上，有着截然不同的侧重点，这与两地各自在氢能产业方面的特点息息相关。由此不难看出，在氢能产业发展过程中，只有充分利用地方优势资源，制定符合自身定位的发展策略，才能取得更好的效果。

难点突破与机会识别

2020年10月20日,国务院办公厅正式发布《新能源汽车产业发展规划(2021—2035年)》,为新能源汽车产业发展提供了重要纲领性文件。该规划阐述了加快充换电基础设施建设的工作方向和目标,明确了"积极推广智能有序慢充为主、应急快充为辅的居民区充电服务模式,加快形成适度超前、快充为主、慢充为辅的高速公路和城乡公共充电网络",为全国各省市充电服务网络发展指明了发展方向。

充电不便,各地开启新一轮"打桩"

2021年1月,已有多个城市发布了充电桩设施的最新数据,并计划建设更多的充电桩以逐步满足城市需求。尽管各地都在积极布局,但相比新能源汽车推广应用的规模,充电设施建设发展还是有点滞后。

充电桩市场风口正盛

在各方的不懈努力下,充电桩的建设为使用新能源汽车的消费者提供了更多便利，与此同时，随着充电网络建设的稳步推进，国内许多公共场所，如居民小区、高速公路等主要场所的充电桩覆盖率也大幅提高，北京、上海等城市已初步建成规模化服务网络。

随着北京公共服务领域的电动化，大功率充电设施的增速显著。北京市公用充电设施数据信息服务平台（市级平台）e充网数据显示，2020年，全市充电桩建设总功率较政策实施前增长42%。截至2020年10月，北京市120kW及以上功率的充电设施数同比2019年增长50%，高功率快充桩的增加，进一步提升了北京公用充电设施的充电服务输出能力，市民用车出行的充电效率更高、充电更加便利快捷。

与政策实施前相比，在相同充电量情况下平均所需充电时间缩短20%，平均每根充电桩的服务能力提升约1.24倍。"接入e充网平台的120kW及以上功率的充电设施配置有120kW～400kW之间多种型号。"e充网相关负责人表示。

2021年1月25日，上海为民办实事项目正式公布，上海2021年将新增1万个公共充电桩、15个出租车充电示范站、10个共享充电桩示范小区。据相关统计数据，截至2020年11月，上海已经建成38.5万个各类型充电设施，其中包含了6.2万个公用充电桩，4.3万个专用充电桩，20座换电站。除此之外，上海正在加快布设充换电设施，力争在2025年之前，新增30万个充电桩。目前，上海正按照国家的战略部署，抓紧制订新一轮的新能源汽车产业发展实施计划，加快推进电动汽车的发展。

充电桩跟不上总体需求

根据2020年10月印发的《新能源汽车产业发展规划（2021—2035年）》，到2025年，新能源汽车新车销量约占汽车新车总销量的20%，新能源汽车保有量将超过2000万辆。从全国范围来看，第一梯队为江苏、广东、北京、上海，四地公共充电桩保有量均在5万台以上；第二梯队为山东、浙江、安徽、河北，四地公共充电桩保有量均在2万至5万台。2021年1月25日，湖南省"两会"期间，湖南省政协常委、长沙市政协副主席、市工商联主席彭继球表示，湖南新能源汽车充电桩存在站点偏少、布局不均衡、信息不对称等问题，从全国范围来看，湖南省充电基础设施建设仍相对落后，相对于其他省份，湖南公用充电桩数量处于第三梯队，公共充电桩保有量仅有1.5万台，不仅与第一梯队相比还存在较大差距，与一些其他省份相比也明显偏少。

江苏充电桩存在的问题则比较特殊。2020年，江苏新能源汽车已突破20万辆，充电桩数量已接近10万台，但其城乡充电桩布局结构失衡，导致农村地区充电并不方便，没有充分满足农村地区电动汽车车主的充电需求。"我们区中心大型商场均有充电桩，但是区内的乡镇充电桩很少见。"江苏省南通市海门区陈女士说。

加强专项规划设计和指导

针对湖南充电桩建设滞后和配套不足的现状，彭继球给出了颇具操作性的建议。

一是建议省电力部门建立充电桩建设用电的审批"绿色通道"，解决电力报装手续较烦琐、审批时限长、接网工程建设效率低的问题，争取在短时间实现增扩容量。

二是搭建运营管理信息化服务平台，运用互联网、物联网、智能交通、大数据等技术，将电动车、充电桩、互联网全网数据信息资源集中起来，实现"车—桩—网"一体化全生态运营管控体系。

三是推进新能源分布式储能充电站建设，鼓励以"充电桩+分布式新能源+储能项目+商业"的综合体方式建设充电桩，通过建设分布式储能充电站，将波谷时的电能收集起来，缓解波峰时的电网压力。

国网江苏省电力有限公司2020年新增充电设施投资3.7亿元，重点推进充电设施乡镇全覆盖，所建充电桩具备24h对外服务能力。2021年1月19日，国网江苏省电力有限公司透露，2020年该公司在江苏全省1073个乡镇新建设电动汽车充电桩4838个，在全国率先实现了充电桩乡镇全覆盖。"以前电动校车必须去县里找充电桩，现在镇上小学内就有，接送学生方便多了。"江苏盐城滨海县通榆镇李先生说。

为进一步提升充电服务品质，国网江苏省电力有限公司还成功研发了电动汽车电池安全充电监测系统，可动态跟踪充电状态下汽车电池性能数据。未来将在全省逐步推广电池运行状态检测和评估服务，加强保障电动汽车运行安全。

电动汽车为啥怕冷，如何挽救

"隆冬腊月，我们电动车主太难了，天气这么冷，暖气也只敢开一会儿，稍微暖和一点就得关，确实掉电太快了。"家住北京丰台的王先生表示，他是 2017 年买的电动汽车，当时实在摇不上燃油车号，电动汽车不用摇号，国家还补贴好几万元，所以才买了一辆电动汽车。

电动汽车真怕冷吗

近几年，道路上的电动汽车越来越多，大家对电动汽车的关注度也越来越高。一方面，电动汽车不摇号、不限号、有补贴，深得车主的喜爱；另一方面，电动汽车续航短、充电不方便、冬天容易突然没电，又限制着新能源汽车的消费潜力。

在 2020 年工业和信息化发展情况发布会上，工业和信息化部新闻发言人黄利斌就电动车低温使用问题做出回应。黄利斌表示，电动汽车的低温环境性能下降问题，主要表现在动力电池在低温环境下出现明显的性能下降，电池容量衰减，续航里程缩水，特别是最近北方城市遭遇寒潮气温骤降，问题更加凸显。

不列颠哥伦比亚大学专业从事锂电池研究的周冰心博士表示，动力电池怕冷的根源在电解质溶液上，其工作原理是锂电池负极通过化学反应脱出锂离子，并通过电解质溶液将锂离子传输嵌入正极，从而产生电流给车辆供电；冬天温度较低，电解质溶液黏度增加，导致锂离子穿越溶液能力变差，活性降低，电阻增加，引起电池放电电压降低，从而使得电池的可用容量降低，导致耗电变快。

工业和信息化部于 2021 年 1 月 8 日召开了电动汽车低温使用问题研讨会，组织来自整车和动力电池企业、高校、研究机构等单位的近 30 名代表进行交流讨论。与会人员一致认为，电动汽车低温使用问题关乎广大消费者的切身利益，将组织整车和动力电池企业、高校、研究机构开展技术攻关，加快低阻抗成膜添加剂、全气候电池等研发和产业化，提升电动汽车低温行驶性能。

针对电动汽车低温使用难题，黄利斌宣布了三项措施：一是要求汽车企业加强售后服务，及时解决用户诉求，组织行业机构加强科普宣传，引导科学使用；二是支持整车企业和电池生产企业加强技术攻关，提升电动汽车低温行驶性能，改善用户体验；三是抓紧研究制定相关技术规范，加快推广应用中国工况，明确低温环境产品性能和技术要求，加强产品准入和生产一致性检查。

天生硬伤，如何挽救

在售后服务方面，广汽埃安新能源副总经理肖勇曾多次提出："燃油车没油的时候，车主会去加油站加油，电动汽车没电的时候，车主会抱怨续航里程不足，但是我们不能责怪电动汽车车主，我们会想尽一切办法给他们提供更好的售后服务。"

为此，广汽埃安专门为 Aion LX 首任车主定制首年 6 次免费代客充电服务和紧急场景终身"直升机"免费救援"双重大礼包"。除广汽埃安提供直升机免费救援之外，蔚来也曾给 ES8 车主提供"加电车"救援方案，不过一台柴油版的"保姆加电车"百公里需要消耗 40L 柴油。尽管这种售后服务被人诟病，但不可否认的是，蔚来赢得了客户的信任。

在技术攻关方面，目前重点企业、行业机构已经积极行动起来，市场基本形成三元电池和磷酸铁锂电池共同发展的格局。容百新能源正极事业部总经理佘圣贤在中国电动汽车百人会年会上预测："未来自动驾驶在单位时间内可能会消耗 30% 以上的能量，所以今后主流电动汽车的电池容量预计会在 115～150kW·h"。

"中国幅员辽阔，气候多样化，冬天黄河以北的新能源车主有切身感受，在 -10℃时，磷酸铁锂电池可能会减少 20% 以上的续航里程，气温低至 -20℃时，电池能量密度会损失更高。相比之下，三元电池材料的气候适应性要更强。"佘圣贤如是说。

在产品监管方面，规范新能源汽车生产行为，加强事中和事后监管，事关新能源汽车健康发展大局。根据《道路机动车辆生产企业及产品准入管理办法》等有关规定，工业和信息化部建立了道路机动车辆产品生产一致性监督检查结果通报制度。

2020 年 11 月 19 日，工业和信息化部发布新能源汽车监督检查结果，有 25 家企业的 27 个车型存在生产一致性问题，涉及动力电池容量和保护功能、动力电池容量等不符合国家标准或管理规定的问题。25 家新能源汽车生产企业已被限期整改。未来迫切需要加强对道路机动车辆产品的事中和事后监管，与相关部门密切协作，创新监管方式，丰富监管手段，加强信息共享和联合惩戒，切实保障车辆产品生产一致性和质量安全。

自 2009 年"十城千辆工程"实施以来，新能源汽车已经走过 13 个年头。2020 年我国新能源汽车销量达到 136.7 万辆，全国新能源汽车保有量达 492 万辆，呈现持续高速增长的发展趋势。

随着技术水平的提高和管理政策的完善，我们相信新能源汽车低温使用性能一定会获得实质性的提升。正如黄利斌所说，新兴产业发展过程中出现的问题，需要且只有依靠更高水平的发展才能解决。

燃油车占充电位，"鸠占鹊巢"能治不

伴随着新能源汽车技术的发展，续航里程肉眼可见的提升打消了人们最初的顾虑，但随着新能源汽车用户的增多，充电问题也逐一暴露出来，例如坏枪、桩不通电、燃油车占位等问题。在通常情况下，为了避免遇到坏桩、桩不通电这两种问题，消费者可以从充电App上看到城市内每个充电桩的状态，出现问题的充电桩会在充电站状态一栏中显示为"故障""掉线"，提示用户不要前往。

但燃油车占位现象却是难以被监测的，十分影响电动汽车用户的出行体验。电动汽车用户打开App时往往看到充电桩空闲，到了目的地才发现位置被燃油车"鸠占鹊巢"。

2021年7月1日，北京市政府地方标准《停车场（库）运营服务规范》（DB11/T 596—2021）（以下简称《服务规范》）正式实施，结合2021年4月实施的《电动汽车充电站运营管理规范》，北京有望在治理燃油车占位的问题方面取得积极成果。

停车场配建充电站，管理措施要到位

《服务规范》取代了DB11/T 596—2008，内容中新增了充电设施和泊位要求。

《服务规范》要求，在新建停车场中配建充电设施时，新建停车场应当按照《电动汽车充电基础设施规划设计标准》规定的充电车位配建指标建设；具备电源条件的既有公共停车场、P+R 停车场应按照不低于 10% 车位比例配建公用充电设施。

《服务规范》明确，具有充电设施的停车场应设置完备的停车充电引导系统，引导系统包括入口指示标志、道路引导标志和停车充电标志，并明确充电设施的服务时间、使用说明和收费标准。这对规范停车场中的充电流程起到了积极作用，明确收费标准也有助于避免用户和停车场之间因收费产生冲突。

在管理层面，停车场被要求向燃油车驾驶者告知严禁占用电动汽车专用泊位，同时，还需要对燃油车和有充电需求的电动汽车进行分类停车引导，在非充电车位有空余的情况下，引导燃油车避免占用电动汽车泊位；在非充电车位无空余的情况下，引导燃油车占用部分电动汽车泊位，但不得占用划定的电动汽车专用泊位，并提示驾驶者留下联系信息；引导已完成充电的电动汽车及时驶离电动汽车专用泊位。为进一步减少燃油车占位，服务规范还要求停车场对场内充电区域加强巡查力度。

此外，《服务规范》还针对占用电动汽车泊位的燃油车和充电完成后超过一个计时单位仍未驶离的电动汽车提出了惩罚措施：对其采取阶梯式价格标准进行收费，单位时间收费最高不超过普通车位当前收费标准的 150%。

加装智能地锁，对燃油车占位说"不"

2021年4月，《电动汽车充电站运营管理规范》正式实施，该管理规范明确，电动汽车充电站应引导燃油车不得占用充电专用泊位，在人工辅助充电的电动汽车充电站内，工作人员应对充电站内停车环境进行管理，避免燃油车占用充电车位。在"无人值守"的自助式充电电动汽车充电站内，则宜采用智能化、充电停车一体化等新技术解决非充电车辆、完成充电车辆占用充电车位的问题。

该规范实施之后，各个充电场站纷纷采取措施杜绝燃油车占位。万城万充北京公司负责人李立斌表示，目前是通过宣传标语提示其他车辆禁止占用充电车位，而且万城万充京纸大厦场站是电动汽车专用停车场，会有物业人员巡查管理车辆占位。

"虽然万城万充场站燃油车占位的现象相对较少，但也在积极尝试智能地锁的应用，进一步避免此类事件发生。"李立斌说。

在位于建外SOHO地下停车场的开迈斯超充站内，每个充电车位旁都配置了一台道闸，车主可以在开迈斯充电App内远程预约，30min之内，系统会为用户保留车位，车主抵达现场后，可通过App或现场扫描车位二维码降锁。

开迈斯市场经理徐晋介绍："开迈斯80%的直流快充场站均配置车位管理系统，对于无法设置车位管理系统的场地，将会采取人工值守的方式进行车位管理，最大限度地避免燃油车占位情况发生。"

徐晋还提到，占位的不仅是燃油车，还有电车，对于电动汽车充满电后未及时驶离的情况，开迈斯目前还处于用户提示阶段，未来可能会参考特斯拉等品牌，对充电完毕后超时占位等情况制定一些惩罚机制，旨在改善整体用户的充电体验，同时加强对用户规范停车的教育效果。

《服务规范》和《电动汽车充电站运营管理规范》的实施，为停车场管理方和充电服务提供商对燃油车占位现象做出干预提供了有利依据。随着新能源汽车产业在我国的飞速发展、市场扩大，配套的充电设施规模也将越来越大，解决这些问题不仅需要整个行业的共同努力，更需要每个人的配合。

车企大力化解"电池荒"

全行业的"芯"荒让所有车企头痛，在为芯片奔走的时候，近期多家车企与宁德时代、国轩高科等电池企业频频牵手，拓展电池产能，化解"电池荒"。

"芯"荒之后的电池荒

随着汽车电动化智能化的发展，国家双碳目标的推进，电池作为新能源汽车的三电之一，占整车成本近40%，一直扮演着非常重要的角色。

全球新兴能源市场调研机构 SNE Research 预测，到2023年，全球电动汽车对动力电池的需求将达406GW·h，而动力电池供应预计为335GW·h，缺口约18%，到2025年，这一缺口将扩大至约40%。

2021年6月，我国动力电池装车量11.1GW·h，同比上升136.2%，环比上升 13.8%，保持快速增长，其中三元电池共计装车 5.9GW·h，同比上升 98.3%，环比上升 13.8%；磷酸铁锂电池共计装车 5.1GW·h，同比上升 206.4%，环比上升 13.2%。宁德时代 2021 年 6 月装机量 5.44GW·h，占比达 49%，以绝对优势稳居第一，比亚迪位居第二，LG 化学位居第三。

2021 年 3 月，蔚来董事长、CEO 李斌曾担忧 2021 年第二季度电池供应将遭遇最大瓶颈。作为电池大户的宁德时代，近期与多家车企频频牵手，在股东大会上，曾毓群曾抱怨"客户催货让他快受不了了"。不只是宁德时代，多家电池企业的生产线均进入满产状态，同时，各电池大厂纷纷抢占资源，产能不足的软肋逐渐显现。

磷酸铁锂电池迎来"第二春"

2021 年 7 月 9 日，中国汽车动力电池产业创新联盟发布了 2021 年 6 月动力电池月度数据，中国动力电池产量为 15.2GW·h，同比增 184.3%，环比增 10.2%，其中，三元锂电池产量 7.4GW·h，占比 48.4%，同比增 133.6%，环比增 47.1%；磷酸铁锂产量 7.8GW·h，占比 51.2%，同比增 256.4%，环比降 11.3%。磷酸铁锂电池继 2021 年 5 月产量超出三元锂电池之后，6 月又一次实现了超越。

在装车量上，三元锂电池占据一定优势，2021 年 1—6 月，中国动力电池装车量 52.5GW·h，其中三元锂电池装车量 30.2GW·h，占比 57.5%；磷酸铁锂电池装车量 22.2GW·h，占比 42.3%。

特斯拉 Model Y 搭载磷酸铁锂电池，价格大幅下降，销售热度猛涨。据了解，小鹏 G3i 也将推出磷酸铁锂电池版车型。

很多车型将采用磷酸铁锂电池,带动磷酸铁锂电池在产量上实现了反超。磷酸铁锂电池的优势也是显而易见的。第一,磷酸铁锂电池更安全。弗迪电池公司副总经理孙华军表示:"在500℃的温度下,磷酸铁锂材料结构稳定,但三元锂材料在200℃左右就会发生分解,且化学反应较剧烈,容易引发热失控。"第二,磷酸铁锂电池的稳定性、耐久性更优秀,循环寿命高。第三,磷酸铁锂电池不含有镍、钴等价格昂贵的稀有金属,且其他共用原材料的消耗低于三元锂电池,磷酸铁锂电池具有一定成本优势。目前,随着政策、市场重心向安全转变,技术创新协同,各大车企"带货",磷酸铁锂电池逐渐受到追捧。

有待电池技术破瓶颈

从蒸汽机到内燃机再到电池,三次能源革命给人类带来了三次出行革命,让我们的生活变得更便捷。随着电池在汽车领域的应用,新能源汽车迅速发展,尽管后疫情时代乘用车总销量下滑,但是新能源汽车仍然保持着高涨的势头,一路领跑。而繁荣的背后却隐藏着电池后创新时代的阵痛,在电池企业股价一路走高、市值惊人,车企纷纷想打入电池领域,但电池的发展并没有因此而飞速前进。

破解"电池荒"首先需破解技术瓶颈。

1982年,约翰·古迪纳夫在牛津大学的研究组首次报道了对钴酸锂正极材料的研究。1996年,磷酸铁锂电池开始走出实验室实现商业化。目前的电池技术早在二三十年前就已被提出。虽然现在单位锂电池的能量密度可达到300W·h/kg,但电池技术的发展并没有达到质的飞跃。

由于新能源汽车的飞速发展，电池技术发展滞后的问题逐渐浮出水面。三元锂电池的安全性问题迟迟得不到解决，磷酸铁锂电池的能量密度略逊一筹，锂电池极限早就成为行业内的一块心病。上一次电池材料体系的更替，是锂电池出现并超越铅酸电池，当下的电池行业，需要这样的革命再次发生。

专家表示，破解电池荒，急需在下一代电池研发上加大力度。比如，在三元锂电池和磷酸铁锂电池的基础上，新兴的固态电池有望突破目前能量密度极限，这因此成了各车企、电池大厂布局的焦点。

第三篇

资本盛宴与市场博弈

要点导读

2020年以来，资本市场上新能源汽车板块一路高歌，涨势不停，在产业界，互联网公司、IT类科技公司纷纷入局，加入造车新势力，一时间合纵连横，新能源汽车圈人气爆棚。但资本过热是否会造成新能源汽车产能过剩，洗牌过后能否健康成长？

长期来看，新能源汽车产业仍是值得投资的价值洼地。首先，新能源汽车在当前汽车消费中的渗透率不高，只占10%左右，将来新能源汽车可能占有80%甚至100%，市场潜力大。其次，新能源汽车产业链条较长，周边行业与交叉行业很多，对整个经济的带动性很强，蓄水池足够大，能容纳的资金超出想象。

当然，也要警惕局部性和季节性的产能过剩，防止投资过热，切忌一哄而上。

深挖新能源汽车市场潜力

在崔东树看来,支持新能源汽车加快发展的政策方向体现了增人、减负、促消费的宏观政策方向,促进新能源车消费是推动内循环的重要举措,也是实现减少碳排放的方向性工作,对汽车行业转型升级带来长期利好。

半年销量增长 2.3 倍提振信心

作为中国汽车行业的支柱之一,新能源汽车在销量贡献方面起到了重要作用,也是中国汽车快速发展的源泉。大力发展新能源汽车,对国内的相关产业链也有着积极的提振作用,电池、氢能等行业都将由此得到长足的发展。

2021 年 1—6 月,新能源乘用车批发达到 109 万辆,相对于 2020 年 1—6 月的 33 万辆增长近 2.3 倍。这也是过去几年里 1—6 月最强劲的增长。在这样高速增长的背景下,强化支持新能源汽车加快发展,是支持汽车消费的核心体现。

与此同时,加强新能源汽车相关产业链的自主化,保障相关技术体系安全也非常重要，加大研发投入，实现电池、电机、电控系统、相关芯片的国产化是当务之急。当下，我国在新能源汽车领域已经涌现一批明星企业，它们将与传统车企共同发展，支撑我国汽车产业的高速增长。

加紧锤炼产业链条

整车组装是我国新能源汽车产业链中最具竞争力的部分。市场上各个品牌百花齐放，推出的产品也具备世界级的实力。比亚迪早已实现年销量超过10万辆的目标，处于第一梯队，紧跟其后的则是上汽、蔚来、广汽、奇瑞、长城、理想等企业。

以比亚迪、长城、上汽等为代表的传统汽车企业与蔚来、理想等互联网造车新势力让中国在新能源汽车领域具备了一流的竞争力。品牌经过充分的竞争，推出了符合市场规律的产品，让国产新能源汽车告别了"曲高和寡"的局面，满足了消费者对于不同价位新能源车型的需求。

除了整车企业，在新能源产业链中，国内也陆续出现了全球第一梯队的企业。在动力电池领域，宁德时代的电池市场占有率高达29.9%，稳居第一。比亚迪电池逐步转型外销，快速发展，也有着较强的竞争力。

当然，我国的电池企业不仅在市场占有率方面领先，在新技术研发领域也进行了积极的投入。宁德时代于2021年7月29日发布的全新的钠离子电池，具有充电速度快、造价低廉的重要优势，有力地摆脱了我国锂电池原材料依赖国际市场的现状，以及容易受到价格波动的不利局面，填补了技术领域的空白。

氢能产业发展如火如荼

氢能源也是目前新能源汽车发展的重要组成部分。丰田、本田、宝马等跨国企业已经着手开展氢能源汽车研发,并已经推出了相关产品。氢能源汽车有着充能速度快、无污染、动力转化效率高的优点,其尾气排放物仅有水,这已经成为全球车企下一步的研发焦点。

工业和信息化部表示,下一步,工业和信息化部将积极配合相关部门制定氢能发展战略,研究推动将氢气内燃机纳入其中予以支持。

目前,氢能在汽车领域的应用主要是燃料电池汽车,氢气汽车发展还处于初期状态,未来可能成为重要的应用领域之一。作为汽车行业管理部门,工业和信息化部将持续加强汽车标准体系建设:已经制定发布汽车发动机相关标准70余项,涵盖发动机、关键部件、后处理系统等子领域;制定发布燃料电池汽车相关标准15项,涵盖燃料电池整车、燃料电池系统、加氢系统及接口等领域。

下一步,工业和信息化部将根据氢气发动机技术进步和应用推广情况,进一步评估现行标准体系的适应性和差异性,提前布局相关标准预研,适时推动急需标准制定,有力支撑氢气汽车科学合理发展。

据专家介绍,我们现在工业复产制造产能高达 4.5×10^6 t,单纯依靠这些氢能源就足以应对未来氢能源汽车的使用。虽然前期投入成本较高,但是未来普及后,氢能源汽车的使用成本可以再次降低一个档次。

汽车行业作为氢能最佳的落脚点之一,应当承接其发展的重要作用。

在上海大学理学院院长、可持续能源研究院院长张久俊看来，氢能源是可持续发展的一个重要环节，未来针对氢的定义和标准还将无限扩大，将被应用到各个领域。

双积分政策鼓励车企新能源战略

2021年4月9日,按照《乘用车企业平均燃料消耗量与新能源汽车积分并行管理办法》的要求,工业和信息化部将企业递交的2020年乘用车企业平均燃料消耗量与新能源汽车积分执行情况年度报告进行了公示。

积分差距逐渐拉大,自主品牌乘用车企占优势

报告显示,统计在内的117家境内乘用车生产企业中,67家企业新能源汽车积分为正值,20家新能源汽车积分为零,30家新能源汽车积分为负值。其中,新能源汽车积分超10万的企业有11家,分别为特斯拉(上海)有限公司、比亚迪汽车工业有限公司、上汽通用五菱汽车股份有限公司、广汽乘用车有限公司、比亚迪汽车有限公司、安徽江淮汽车集团股份有限公司、长城汽车股份有限公司、奇瑞新能源汽车股份有限公司、北京汽车股份有限公司、威马汽车制造温州有限公司、肇庆小鹏新能源投资有限公司。

统计在内的21家进口乘用车供应企业中,仅有特斯拉汽车(北京)有

限公司、保时捷（中国）汽车销售有限公司、沃尔沃汽车销售（上海）有限公司、大众汽车（中国）销售有限公司、福特汽车（中国）有限公司、克莱斯勒（中国）汽车销售有限公司6家车企新能源汽车积分为正值，在剩余车企中，10家新能源汽车积分为0，5家新能源汽车积分为负值。

从报告中可以看出，2020年获得新能源汽车正积分排名前三的乘用车企依次是特斯拉、比亚迪汽车工业有限公司和上汽通用五菱。新能源汽车正积分前十名企业所获得的正积分总和，占到行业产生新能源汽车正积分总量的80%。另外，报告显示，2020年国内乘用车企中仍有20家企业的新能源汽车积分为零。

值得注意的是，在2020年新能源汽车正积分前十名企业中，自主品牌乘用车企所占席位具有绝对优势。而在新能源汽车负积分前十阵营中，合资车企成了主角。一汽大众、上汽大众、上汽通用等燃油车"销量大户"均上榜。毕竟，按照双积分政策的要求，传统燃油车的产量规模越大，相应的对新能源汽车积分的要求也越严苛。近几年，几乎所有主流合资乘用车企都在加码和推进在华的新能源汽车战略，这也多少透露出其受政策的影响。不过，对于年产销规模超过百万级别的合资车企来说，要完全适应双积分政策的考验，还需要一个过程。

平均油耗达标门槛提高，传统合资车企备受油耗困扰

与新能源汽车正积分多于负积分的情况有所不同的是，2020年，国内乘用车企整体平均燃料消耗量负积分远高于正积分。根据中汽数据有限公

司的测算，2020年行业产生的平均燃料消耗量负积分同比增长83%。这意味着，2020年，国内乘用车企的平均燃料消耗量负积分缺口明显加大，而新能源汽车所产生的正积分并不足以抵偿这个缺口。

通过梳理不难发现，产生平均燃料消耗量负积分较多的企业，大部分都是传统燃油车产销规模较大的企业。也就是说，这些企业不仅难甩油耗包袱，还背负着新能源汽车正积分的新压力。不止于此，自2021年7月1日起，《乘用车燃料消耗量限值》强制性国家标准实施，将综合油耗测试标准从原先的NEDC[①]转为WLTC[②]，这意味着燃油车平均油耗的达标门槛提升。在更严苛的标准下，传统燃油车降耗的压力会更大。

在负积分无法抵偿的情况下，企业自然就有了购买新能源汽车积分的迫切需求。积分变得"越来越值钱"，中汽数据曾在2021年1月对2020年积分价格进行了初步预测，预计主流价格区间为2270～2520元/分。对于负积分体量比较大的企业来说，这是一笔不小的支出。

朱华荣曾坦言，受双积分政策的影响，2020年国内六大汽车集团产生的双积分均为负值，且因新能源汽车积分价格的不断上涨，车企普遍出现了增亏的现象。

汽车行业分析师张翔认为，2020年双积分政策的调整，提高了新能源积分获得门槛，降低了积分总量规模，改变了以往供远大于求的市场情况。他说道："虽然混合动力汽车也能获得积分，像丰田这些车企获得了更多的

[①] 新欧洲驾驶周期（New European Driving Cycle），专为欧洲厂商制定的标准。
[②] 全球轻型车测试规程（World Light Vehicle Test Procedure），是全球多个测试厂商共同制定的标准。

积分渠道，但总量少了，积分自然会涨价的。"毕竟积分交易关乎企业在这场双积分"战役"中的未来境遇。如何让积分交易处于相对稳定、合理的状态？不少企业负责人都积极献策。

目前，建立积分池管理机制是受到最多车企推崇的解决方案。王传福曾表示："积分供需关系受各车企产量、油耗等多重因素的影响，具有不可预测性，会导致某些年份积分供大于求，某些年份积分供小于求。设立积分池管理制度，可在积分供大于求的时候，把多余的积分放入积分池，在供小于求的时候，再把积分拿出来使用，以此调节各年份积分市场的供需平衡，保证双积分政策的有效运行。"

朱华荣也持类似观点，他认为，构建积分池有利于解决积分交易在执行和操作层面中的诸多问题，平抑价格波动，稳定产业各方经营预期。

无论如何，双积分政策的出台，都是为了实现国家承诺的碳达峰、碳中和目标。汽车企业要在保证双积分合规的同时，平衡好购买积分与自身发展新能源汽车的关系，推动全行业节能与新能源汽车行稳致远。

电池企业猛扩产能背后的逻辑

2021年7月20日，国轩高科全资子公司合肥国轩高科动力能源有限公司（以下简称合肥国轩）与合肥新站高新技术产业开发区管委会正式签署合作协议，拟在合肥建设20GW·h动力电池生产基地，该基地将专注大众汽车标准电芯的生产制造。

不止于此，仅在2021年5月，中航锂电就先后与厦门、成都、武汉等地签署合作协议，布局电池生产基地，同时积极进行海外产业布局。

作为电池企业近年来的黑马，蜂巢能源也在大手笔扩充产能。2021年6月22日，蜂巢能源宣布同南京市溧水开发区签订协议，计划投资56亿元在该区建设总产能14.6GW·h的动力电池生产基地。至此，蜂巢能源仅在2021年上半年就规划新增产能近90GW·h。

当下，动力电池企业正在奋力发展。在疯狂圈地、扩充产能的背后，是否会撼动目前动力电池的市场格局？

市场向第二梯队释放

中国汽车动力电池产业创新联盟发布的数据显示,2021年1—6月,我国动力电池产量累计74.7GW·h,同比累计增长217.5%;销量达58.2GW·h,同比累计增长173.6%;装车量累计52.5GW·h,同比累计上升200.3%。

在企业集中度方面,2021年1—6月,我国新能源汽车市场共计53家动力电池企业实现装车配套,较去年同期减少4家,排名前3家、前5家、前10家动力电池企业动力电池装车量分别为38.1GW·h、44.5GW·h和48.3GW·h,占总装车量比分别为72.6%、84.8%和92.0%。

2021年1—6月国内动力电池企业装车量前10名中,宁德时代依然稳居第一,装车量达25.76GW·h,市场份额高居49.1%。第2～5名分别为比亚迪、LG化学、中航锂电及国轩高科,其中LG化学和中航锂电的份额有所提升:LG化学的市场份额从6.5%提升至9%,中航锂电的份额从5.6%提升至6.9%。第6～10位的排名发生较大变动,其中松下、瑞浦能源、力神电池均跌出前10,由蜂巢能源、塔菲尔新能源、捷威动力取代。

从上述排名可以看出,除宁德时代、比亚迪地位较为稳固外,动力电池第二梯队企业变数较大。

中国汽车动力电池创新联盟副秘书长马小利谈到,如今,动力电池的市场很大,并不是哪一家或哪两家企业能够独打天下的时代。例如,2019年我国动力电池装车量为62.2GW·h,其中,宁德时代的装车量为31.46GW·h,市场占比达50.6%。2020年我国动力电池装车量为63.6GW·h,其中,宁德时代的装车量为31.79GW·h,占比达49.98%。

这说明，虽然动力电池市场逐步扩大，头部企业的动力电池装车量还在增长，但占有的市场份额正在减小。这就意味着，市场份额正在从第一梯队企业向第二梯队企业转移。在这样的市场背景下，动力电池第二梯队企业积极布局，试图努力抓住新的市场机遇，缓解供需结构化矛盾。

当下，电动化、智能化、网联化、数字化加速推进汽车产业转型升级，新能源汽车行业正从政策驱动向市场驱动转变。尤其是在《新能源汽车产业发展规划（2021—2035年）》的大力推动下，新能源汽车市场有望迎来持续快速增长。

为此，动力电池企业正在大举扩张，扩充各自的业务版图。

据相关机构统计，2021年第一季度，我国动力电池企业相继公布的动力电池相关新投建项目达20余个，整体投建资金达1600多亿元，建设年产能超过350GW·h。

2021年6月，国轩高科对外宣布，其肥东国轩电池材料基地项目正式奠基。项目建成后，将保证国轩高科2025年动力电池产能达到100GW·h的原材料供应，并切实解决锂电池回收和梯次利用问题，一期部分项目预计2022年投产。此前，国轩高科动力电池产业链项目于2021年3月落户肥东，大众国轩年产3×10^4t三元正极材料项目于2021年1月正式开工。

2021年5月9日，中航锂电在福建厦门的动力电池扩产项目签约，建设年产能30GW·h，2021年5月29日，其动力电池及储能电池成都基地项目签约，建设年产能50GW·h，2021年5月31日，其动力电池及储能电池武汉基地项目签约。2021年5月17日，孚能科技与吉利在江西赣州合资建立的耀能新能源项目一期开工，建设年产能42GW·h。2021年6月10

日，亿纬锂能在湖北荆州的新能源动力储能产业园项目签约，建设年产能104.5GW·h。

不容忽视的现象是，这样大势扩产必将导致产能过剩。数据显示，2021年1—5月，我国动力电池产量累计59.5GW·h，装车量累计41.4GW·h，尚有18.1GW·h的产能未被利用。中国电池工业协会专职副理事长王敬忠表示："国内动力电池行业高端电芯及优质产能不足、低端产能过剩的矛盾没有根本改变，这才是'电池荒'的原因所在。"如何释放有效产能成为未来的关键一步。

除了扩建产能，动力电池企业技术的领先性以及获得大客户支持也是决定未来发展走向的重要因素。车企的新车型、新技术越来越多，会对动力电池的技术要求越来越高，这将倒逼动力电池企业加速开发新产品，如比亚迪推出了自己研制的刀片电池，由于性能良好受到行业青睐；国轩高科针对大众汽车的需求研发标准电芯；蜂巢能源也推出了无钴电池等。

"锂"持续上涨有理吗

截至2021年8月11日午时，永太科技、西藏珠峰双双涨停，融捷股份、西藏城投、天齐锂业、盛新锂能等纷纷上扬。

2021年以来，各大互联网和3C巨头纷纷布局新能源汽车产业。根据统计，2021年1—6月，国内新能源汽车销量达112.4万辆，与2019年全年水平持平。

其中，2021年6月新能源汽车销量刷新历史纪录，再创新高。从数据来看，新能源汽车产销量分别为 24.8 万辆和 25.6 万辆，同比分别增长 1.3 倍和 1.4 倍。

2021 年 8 月 10 日，"盐湖提锂"概念龙头盐湖股份恢复上市，开盘 1 分钟便触发盘中临停，盘中最高上涨 396.61%。临停后股价回落，午后再度触发临停，至收盘涨 306.11%，全天成交额高达 299 亿元。

盐湖股份在公告中表示，子公司蓝科锂业 2 万吨项目部分装置已投入运行，碳酸锂产量较上年同期有所增加。受大宗商品价格上涨的影响，报告期氯化钾及碳酸锂产品价格上涨，公司业绩提升。

另外，2021 年 5 月，锂电池产业链综合供应商杉杉股份，通过转让子公司部分股权，实现与全球锂电正极及汽车领域先进企业巴斯夫的合作共赢。

据悉，杉杉股份现主要覆盖锂离子电池材料、电池系统集成（包括锂离子电容、动力电池 PACK）、能源管理服务和充电桩建设等新能源业务。经过多年发展，杉杉股份已经成为全球规模最大的锂离子电池材料综合供应商，并一直致力于将公司打造成为全球新能源产业的领导者。

2021 年，杉杉股份上半年实现营业收入 99.47 亿元，同比增长 209.82%。西南证券分析师韩晨表示，杉杉股份业绩的高速增长得益于锂电池材料的出货量恢复以及偏光片业务的收购合并。韩晨认为，未来下游新能源汽车市场高景气度将延续带动公司正极材料和负极材料销售的稳步放量。

而专注于锂电、电动车等国家战略性新兴产业领域的咨询公司深圳市高工产研咨询公司的数据显示，全球锂离子电池产品应用主要应用于新能源汽车，占比达到 46.7%；其次为消费电子产品，占比达 20.2%。

理性看待估值回调

盐湖股份大部分概念股涨势喜人,但是业内人士认为,短期来看,有"锂"走遍天下的投资逻辑已过热,投资者需警惕回调风险。但是,中长期来看,盐湖股份有望迎来持续高景气周期。

业内人士认为,恢复上市的盐湖股份对当前火热的锂电池、"盐湖提锂"概念具有一定情绪上的助推作用。但当前锂电池作为热门赛道已炒作多时,存在估值较高、赛道拥挤的问题。

近期,多家券商也对新能源板块做出风险提示。其中,中信证券在2021年8月8日发布的研报中提示风险称,由于近期盐湖股份重新上市,新能源板块内部存在较大分流压力,板块层面呈现此消彼长的态势,指数层面也显示极端分化有所缓解。

另外,2021年政府工作报告中明确指出,加快建设动力电池回收利用体系。随着国家层面对动力电池回收产业的高度重视,动力电池回收体系建设将会按下"加速键",市场也将呈现广阔前景。

全球现代制造业物流自动化技术装备知名供应商天奇股份控股子公司金泰阁,作为锂电回收企业,成长空间广阔。

据悉,荣获"中国动力蓄电池资源循环利用示范企业"称号的金泰阁专注于废旧锂离子电池回收、处理以及资源化利用,具备完整的废旧锂离子电池原料采购、回收处理和产品销售的产业链,其生产规模位于行业前列。但安信证券也指出,锂电池回收业务不及预期,下游需求不及预期。

此外，国泰君安证券指出，当前科技成长板块股价高位波动放大，市场开始担心科技成长板块的回调。从历史复盘来看，科技成长行情结束的标志在于自身盈利周期被破坏或流动性预期环境的变化。往后看，一方面科技成长的景气周期仍持续向上，2021年第二季度业绩预告展现的高景气有望持续；另一方面，下半年稳增长压力下宽松趋势难以逆转，流动性预期环境仍对科技成长板块友好。

探寻动力电池回收新蓝海

随着我国第一批新能源汽车动力电池进入置换期，废旧电池回收、处理问题成为行业难题，这也是当下新能源汽车行业发展的重要课题之一，解决这一问题刻不容缓。

动力电池循环利用亟须规范化

2021年4月29日，中国汽车技术研究中心有限公司全资子公司中汽数据有限公司（以下简称"中汽数据"）在北京举行了新能源汽车动力蓄电池共建共享回收服务体系启动仪式，来自产业链上下游企业的130余名代表参加了会议，以期落实加快动力电池回收利用体系建设的工作要求，建立低成本、高效率的动力电池回收服务网点体系。

2021年全国"两会"期间，多位代表和委员关注了动力电池回收的问题，并提出相关建议，动力电池回收的话题也出现在了政府工作报告中。动力电池回收问题受到热议的背后，是国内新能源汽车和动力电池保有量快速增长及与之相伴的动力电池退役问题。

2013年，我国新能源汽车应用初具规模，全年销量1.8万辆，此后几年，新能源汽车销量持续快速增长。数据显示，截至2021年3月，我国新能源汽车累计产量达608万辆，动力蓄电池累计装机量超290GW·h。预计到2025年，国内新能源汽车配套动力蓄电池装机量将达233GW·h。

从使用寿命来看，动力锂电池的使用年限一般为5~8年，有效寿命为4~6年。招商证券研究报告分析称，如果按照动力电池4~6年的使用寿命来测算，2014年生产的动力电池在2018年开始批量进入退役期，预计从2021年开始，我国将迎来第一批动力电池退役高峰期。

随着动力电池退役潮的如期而至，退役后的动力电池何去何从正成为不容忽视的问题。王秉刚认为，动力电池退役规模非常大，一旦处理不好，将对生态环境产生重大危害。

为了给予动力电池回收行业相应的扶持，国家出台了相关政策。2018年1月26日，工业和信息化部等印发《新能源汽车动力蓄电池回收利用管理暂行办法》，明确要求汽车生产企业承担动力蓄电池回收的主体责任；2019年年底，工业和信息化部制定《新能源汽车动力蓄电池回收服务网点建设和运营指南》，要求新能源汽车生产企业在其销售地区建立收集型回收服务网点；2020年9月1日，《报废机动车回收管理办法实施细则》正式施行，该细则新增了新能源汽车拆解规定。

在政策红利及市场前景的双重驱动下，不少车企及动力电池企业都开始布局相关业务。王秉刚等业内专家认为，虽然千亿规模的动力电池回收市场即将开放，但当前仍需纲领性的法规文件来规范市场的发展。

直击动力电池回收痛点

当前，退役的动力电池主要有两种回收途径：一是对符合能量衰减程度的退役动力电池进行梯次利用；二是对无法进行梯次利用的电池进行回收再生利用。

近几年，动力电池回收利用网点的数量不断增加，产业链上下游相关企业的参与度也在增强，但就整体而言，国内动力电池回收利用体系仍存在一系列问题，比如动力电池回收企业中"正规军"力量薄弱，电池回收过程中存在安全隐患，回收渠道不成熟，电池标准不统一，资源配置不合理，网点重复建设等。

"共建共享回收服务体系将充分吸纳行业优质网点资源，促进产业链上下游企业协同合作，致力于打造高效、共赢的废旧动力蓄电池回收服务网络，实现资源配置的最大化利用，助力退役动力电池规范移交、精准回收。"共建共享服务体系相关负责人表示。

纳入共建共享回收服务体系的成分包括整车企业售后服务机构、电池企业维修站点、报废汽车回收拆解企业、仓储物流企业站点、综合利用企业基地、第三方网点建设机构等，这些优质网点资源均具备回收服务网点建设的先天优势，在已有基础上按照网点建设要求进行改造升级，最大限度地盘活存量资源。对于偏远地区的网点，将组织网点建设方与使用方共同建设，实现成本分担。

"共建共享将上下游企业进行合作和绑定，有效杜绝动力电池回收网点的重复建设，另外，更规范的准入和退出机制、更充分的信息和数据共享，也使动力电池回收利用中存在的一些共性问题有望迎刃而解。"一位整车企业相关负责人对共建共享回收服务体系表示肯定。

　　基于共建共享模式，目前全国40余个动力电池回收网点的规范性评估工作已经完成，按照计划，2021年评估的网点要增加100个以上，预计到2022年年底实现全国覆盖。在共建共享的框架下，建立动力电池回收网点准入机制，提升网点准入门槛和标准；同时构建共建共享网点信息化线上运维平台，实现工单全流程管理；网点运行监控实现数据线上接入，保障网点安全运行，实现信息共享；同时，构建网点动态评估工作机制，规范网点建立退出机制。通过"网点建设—制度流程—网点运维—网点监督"的全流程把控，在共建共享的基础上，相关人员可以实现对动力电池回收网点的数字化、智能化动态管理。

健全电池循环利用体系是关键

　　各大车企纷纷布局动力电池相关业务，动力电池企业炙手可热，锂电池概念在资本市场获得强烈盈利效应。随着新能源汽车的发展，动力电池成为核心零部件三电[①]之一，其全生命周期是行业生命周期中的重要一环。在全球布局大趋势下，新能源汽车销量屡创新高，动力电池的装机量也持续提升，经过持续的创新与应用，2021年被视为第一批动力电池退役高峰期，而动力电池的回收则成为完成动力电池全生命周期闭环的关键一环。

---

① 对新能源汽车来说，三电是指电机、动力电池和电控系统。——编者注

动力电池装机量年增 50%

中国汽车工业协会的数据显示，2021 年上半年国内新能源汽车销量实现 120.6 万辆，同比增长 2 倍，销量已与 2019 年全年销量持平；2020 年，我国新能源汽车销量实现 136.7 万辆，同比增长 10.9%。

据公安部统计，截至 2020 年年底，全国新能源汽车保有量达 492 万辆，占汽车总量的 1.75%，比 2019 年增加 111 万辆，增长 29.18%，其中，纯电动汽车保有量 400 万辆，占新能源汽车总量的 81.32%。新能源汽车增量连续 3 年超过 100 万辆，呈持续高速增长趋势；截至 2021 年 6 月底，全国新能源汽车保有量达 603 万辆，占汽车总量的 2.06%，其中，纯电动汽车保有量 493 万辆，占新能源汽车总量的 81.68%。2021 年上半年新注册登记新能源汽车 110.3 万辆，与 2020 年上半年相比增加 77.4 万辆，增长 234.92%；与 2019 年上半年相比增加 47.3 万辆，增长 74.94%，创历史新高。

国家对新能源汽车的支持，对双碳目标的布局，大众对于新能源汽车的高需求，以及新能源汽车的快速生产，意味着动力电池的市场规模和动力电池回收的市场规模将进一步扩大。数据显示，2015—2020 年，我国每年动力电池装机量从 16GW·h 增长至 63.6GW·h，年复合增长率超过 50%。

锂资源，疯抢不如回收

在钴资源稀缺、全行业抢锂的背景下，动力电池回收行业上市公司相关负责人表示，基于综合回收利用率和回收废料价格，无论从经济性还是资源循环利用、可持续发展的角度出发，动力电池回收都更具布局价值和意义。

中国汽车技术研究中心的统计数据显示,2020 年我国动力电池累计退役量约 2×10^5 t,预计 2025 年将达到 7.8×10^5 t。动力电池是新能源汽车最主要的部件之一,占汽车总成本的近 40%,寿命一般是 4~8 年,在 2014 年前后,国内新能源汽车进入普及期,2021 年动力电池回收量已经是往年规模的 3 倍以上。

国际市场研究机构 Markets and Markets 的数据显示,预计 2025 年全球动力电池回收行业规模将达 122 亿美元,到 2030 年将达 181 亿美元,约合人民币 1263 亿元,中国是最大的动力电池回收市场之一。

动力电池回收行业上市公司相关负责人还表示,目前,动力电池通过回收提取的量不足以应对行业需求,回收端目前还只是作为原料补充的角色,还需要在回收的基础上购买一部分原料,这样才能满足市场快速发展的需求。随着动力电池退役与行业快速增长的比率逐步上升,回收端将成为资源供给的端口之一,为动力电池全生命周期画上圆满的句号。

健全回收体系是关键

近年来,动力电池的回收利用成了焦点问题。业内人士指出,由于目前动力电池回收利用发展时间较短、技术储备不足、回收网络不完善及商业模式尚不成熟等,动力电池回收利用行业不规范、回收利用体系不健全,并存在安全、环境等方面的隐患。

针对动力电池回收的隐患,工业和信息化部出台了企业白名单,将 27 家企业树立为行业榜样,通过白名单制度提高行业门槛规范企业。作为国内动力电池回收利用的龙头企业及行业典型,格林美已与全球 300 多家知名整车厂及动力电池厂签署了动力电池回收协议，并在全国11个省市建立了产业园区，以300km的回收半径辐射周边地区，形成了动力电池回收、精细拆解、梯级利用与材料再造的完整闭环。此外，邦普、杉杉股份、天奇股份等也是第三方企业在动力电池回收领域的重要参与者，正积极布局，努力摸索。

动力电池回收行业既是一片蓝海，又是一座宝藏，然而，每一个新兴行业都会遇到"小羁绊"，这就需要企业和政府通力合作，为动力电池全生命周期画上一个完美的句号，共同创造动力电池产业的绿色未来。

手记　挖掘"隐形矿山"

世界的发展让我们从一个"洞穴"进入了另一个"洞穴"，现代化的脚步让我们与自然界剥离开来，时代的发展让我们认识到人类命运共同体，环境是人类赖以生存的家园。近年来，气候问题受到全球重视，我国力争在2030年前实现碳达峰、2060年前实现碳中和目标，这是我国基于推动构建人类命运共同体的责任担当和实现可持续发展的内在要求做出的重大战略决策。

新能源汽车作为布局双碳目标的关键一步，成为汽车产业未来发展的方向。而动力电池作为核心三电之一，是新能源汽车的"心脏"，其全生命周期的价值不言而喻。电池革命如火如荼地进行着，各大车企争先布局，动力电池的回收作为最后一环，同样需要各方重视。

随着新能源汽车的发展，动力电池将迎来退役高峰期，退役的动力电池如果回收处置不当，会造成环境污染：磷酸铁锂电池一旦发生电解液泄漏，就会导致有毒性、腐蚀性的电解液流入自然环境；而三元锂电池材料中含有的锰、钴、镍等重金属，会对水源和土壤造成污染。同时，新能源汽车对动力电池性能指标的要求较高，电池容量衰减超过 20% 就必须退役。因此，为了实现绿色可持续发展，很多退役的动力电池需要进行梯次利用和拆解提纯再资源化，若处理不善，会导致大规模浪费和污染，威胁新能源汽车的绿色形象。

如今，动力电池领域资源短缺，钴材料价格屡创新高，磷酸铁锂电池"卷土重来"，锂材料一时备受青睐，引发众多车企高价收购。而动力电池回收这片蓝海则"嗷嗷待哺"。毋庸置疑，无论从经济性还是绿色发展层面考量，动力电池回收行业都是一个前景可观的待挖掘的"矿山"。

动力电池回收利用是未来新能源汽车产业发展的重要一环，其重要性显而易见，若处理不善，则后果不堪设想；若处理得当，则可收获绿色宝藏。

⇨ 卖车比造车挣钱吗

如今整车厂与零部件供应商之间的关系也在重塑，车企虽然还处于产业链中心，但在部分细分市场，比如自动驾驶、软件等前沿技术领域，车企因为经验的缺乏，渐渐失去了主导优势，这成为很多传统车企的心病。

案例　华为有技术为何不造车

2021年5月26日，ARCFOX极狐与华为合作打造的ARCFOX极狐阿尔法S·HI版产线验证车正式下线，华为再次声明不会造车。

2021年5月24日，华为发布澄清声明："至今为止，我们并未投资任何车企。未来也不会投资任何车企，更不会控股、参股。以后，凡是议论说华为造车或者参股汽车制造行业，均为谣言，勿轻信。"这已经是华为第6次表示自己不会造车。就在发布声明一个月之前，时任华为轮值董事长徐直军在华为全球分析师大会上表示"华为不造车"。

华为表示，产业界需要的不是华为品牌汽车，而是华为运用30多年积累的信息与通信技术（ICT）能力帮助车企造好面向未来的车，即为车企提供基于华为 ICT 能力的智能网联汽车部件。

有技术为何不造车

目前，除了车身制造，华为已经掌握了智能化汽车的核心技术。恒大、小米、360、创维等之前并未涉足汽车行业的企业纷纷进军汽车市场，然而华为始终表示不造车，主要有两个原因：第一，华为并未接触过整车制造，要和其他车企竞争，未必有优势；第二，华为作为车企的上游，为车企提供基于华为 ICT 能力的智能网联汽车部件，一旦下场造车，将和车企成为竞争对手。

华为的未来规划很清晰：不造车，只做 ICT 供应商，利用自身在软件方面的长处帮助车企完成智能化转型。在车企智能化转型的浪潮下，华为将拥有大量客户，同时掌握一定的智能化主导权。华为在智能汽车领域的目标是做"端、管、云"软硬件解决方案供应商。早在 2015 年，华为就与爱立信、英特尔、高通、奥迪等搭建了"5G 汽车通信技术联盟"，同时，华为还与整车厂商有合作，合作方已达 10 余家，包括长安、北汽、广汽三家战略合作伙伴，以及一汽、上汽等。

"华山道上"另一条路

在智能化转型的跑道上，众多车企正在尝试掌握上游产品。吉利成立亿咖通，并自研芯片；上汽集团软件中心成立上汽零束软件公司，研发汽车软件；特斯拉独自研发"FSD"芯片和 Autopilot 软件……国内外各大车企都开始重视 ICT 能力，希望绕过供应商，自己掌握核心技术。未来各大车企的自研能力很有可能影响华为成为上游 ICT 供应商龙头的计划。

除了提供 ICT 智能网联汽车部件，华为在智能汽车领域的"华山道上"也找到了第二条路——与车企合作，利用自有渠道资源帮助车企卖车。赛力斯成为"第一个吃螃蟹"的品牌。此前，华为仅为赛力斯提供电动部件和 HiCar 座舱部件，而赛力斯汽车的销量一直不佳。赛力斯 SF5 于 2020 年 7 月交付，2020 年全年销量仅为 1051 辆。2021 年 4 月，华为旗下的华为智选与小康股份旗下的赛力斯合作推出华为智选 SF5，并进入华为的销售渠道。借助与华为的合作，华为智选 SF5 的订单量年内就已超过 6000 辆，单月销量是 2020 年全年销量的 6 倍。华为品牌的影响力可见一斑。

卖车比造车挣钱吗

华为智选与车企合作这一策略从一定程度上解决了合作车企的销售问题，同时也解决了华为线下零售店手机销量下滑的问题。华为手机的出货量受影响之际，为了弥补手机销量的缺口，华为开始将重心转移到手机以外的板块。华为表示，2022 年华为智选汽车销售目标为 30 万辆，后续还将与其他车企合作，包括比亚迪、北汽、奔驰和长安等。

在销售分成方面，华为能拿到销售额的 10% 左右，其中 7%～8% 属于经销商。以售价为 24.68 万元的四驱版华为智选 SF5 为例，每卖出一辆，华为净利润约为 5000 元。30 万辆的销售目标完成后，该项目将为华为带来 15 亿元的利润。

从市场销量来看，华为销售 30 万辆华为智选 SF5 的目标并不简单。根据乘联会的数据，2020 年全年新能源汽车市场销量为 111.1 万辆，30 万辆几乎占 2020 年全年销量的 30%。华为目前的合作伙伴都是销量平平的品牌，达到上述市场占有率还有些困难。同时，特斯拉、蔚来等品牌直营店陆续进入购物中心，华为智选的销售模式也将受到威胁。此外，华为的热潮过后，消费者对华为智选合作品牌的热情也可能下降。

华为希望通过提供智能网联汽车支持和提供销售渠道的方式进入智能汽车领域，有别于其他造车的互联网企业。短期来看，华为不会亲自下场造车，这也是其保持利润的最好方式。

案例　软件成为车企之痛

2021 年 7 月 1 日，上汽董事长陈虹在上汽集团股东大会上表示，与华为这样的第三方公司在自动驾驶领域合作，上汽是不能接受的。他解释说，这就好比一家公司为上汽提供整体的解决方案，如此一来，它就成了灵魂，上汽则成了躯体，而上汽要把灵魂掌握在自己手中。

华为成为造车"香饽饽"

对于陈虹的发言，华为官方也进行了回应，表示在和整车厂合作的过程中，华为一直都给予车企足够的灵活性选择，Huawei Inside 模式目前只在与 3 家企业的合作中有过应用，华为没有精力对所有车企都采用这种模式，更多的是向车企提供零部件和解决方案。

回顾当初华为宣布进军汽车产业，众说纷纭，其中不乏鄙夷之声，但随着合作的深入，最初和车八竿子打不着的华为逐渐成为行业的"香饽悖",众多车企争相和华为合作。

华为在汽车行业的处女作是与赛力斯的初合作。名不见经传的赛力斯在华为的加持下,渐渐为人所知,甚至在量产之前就受到很多关注。目前,华为亲自进行线下销售,在2021年上海车展期间高调宣布了卖车计划,开启了探索汽车新零售模式的旅程。2021年4月17日,北汽极狐联合华为发布极狐阿尔法S,搭载了华为全套的自动驾驶系统解决方案,具备城区高阶自动驾驶能力。

与华为合作的车企,经奥论的帮助,获得资本市场的青睐,于是,很多车企闻风而动,想分一杯羹。其实除了战略合作,华为也有很多针对单项技术的智能汽车解决方案,包括当前在汽车行业大热的4D成像雷达、激光雷达、AR-HUD、智能驾驶计算平台(MDC)、电驱动系统、车载充电机、电池管理系统等,给予车企更大的灵活性。

软件成为车企之痛:重在保持软件开发实力

陈虹的发言确实展现了很多传统车企的痛点,道出了它们的焦虑。那么,在软件定义汽车的时代,传统车企的出路在哪里?

麦肯锡2020年发布的一份报告指出,目前汽车软件在大型乘用车整车价值中的占比为10%,未来预计以每年11%的速度增长,至2030年,汽车软件将占整车价值的30%,市场规模将达到4000多亿美元。

传统车企可能从未想过,曾经站在金字塔顶端的传统车企的架构有一天会难以满足汽车智能化、数字化的演进诉求。

什么才是车企的核心?

"比如汽车本身，终究还是有一堆机械。而在整车的基础上，还要把软件架构搭好、生态做好，这两部分是智能汽车企业不能放弃的。如果完全放弃了造车，把机械抛给别人，那么后续的机械和软件耦合就很难实现。如果不做生态，完全靠别人，更相当于把主动权交给了别人。"小鹏汽车副总裁、品牌公关总经理李鹏程如此表示。

未来汽车是多方面深度融合的产物，竞争也会愈发激烈，因此，保持硬件制造之外的软件开发实力，是未来车企屹立不倒的重点。

优势互补，相辅相成

随着汽车产业的进一步发展，汽车的定位将不再局限于"交通工具"，汽车将是移动的多功能空间、大型智能和计算终端、数据采集载体和能源储能单元，是集工作、生活、娱乐于一体的智能第三生活空间。未来，车企要兼顾软件、差异化服务、完备制造链，形成自身核心优势，以求可持续发展。

清华大学汽车产业与技术战略研究院刘宗巍教授曾表示，软件是一个大概念，即使要将"灵魂"握在自己手中，也不意味着大部分软件都要由车企自己来做，即使在硬件时代，70%的零部件也来自外部采购。

以上汽为代表的主机厂与以华为为代表的智能驾驶供应商，在今后应该以一种怎样的形式存在，这是关键所在。核心自研并不代表拒绝合作，而是继续发挥自身优势，采取更好的合作模式，同时加强自主研发能力，这样，车企才能把灵魂掌握在自己手中。

传统车企可以发挥其最大优势，一方面通过有机整合提升乘坐体验，另一方面可以在制动、转向、动力等底层架构上下功夫,为深度融合打好基础。目前各大科技企业纷纷入局造车,相信未来也会有更多、更优秀的科技企业入场,为车企提供服务,发挥自身"软实力"。

所以,未来汽车行业的发展,是传统车企与科技企业协同发展,双方绝对不是简单的一方依附于另一方,不是一家独大,而是优势互补,相辅相成。

第四篇

应用场景与消费热点

要点导读

什么样的新能源车型最受消费者欢迎？市场热点与车企战略如何共振？哪些行业和领域率先电动化？无人驾驶电动汽车离我们还有多远？本篇将对这些问题展开讨论。

纯电动汽车是我国目前主要的新能源汽车类型，一段时期以来，消费者对于续航里程与充电便捷性颇有微词，认为电动汽车最多在市内通勤、代步，不适合长途远行。其实，随着技术的提升，长续航里程电动汽车成为当前车企投放的主流车型，加之充电基础设施的不断完善，电动汽车已逐渐能实现跑长途的需求。

未来，无论上下班还是郊游、旅行，我们都能看到电动汽车的身影，至于具体哪种车型更适合你，那就"仁者见仁、智者见智"了。在不远的将来，或许无人驾驶电动汽车还能带给你不一样的出行体验。

从里程大数据看新能源汽车谁跑得最欢

随着我国新能源汽车产业的规模化及配套设施的逐步完善，新能源汽车正快速走进人们的生活，新能源汽车的销量也屡创新高。那么，其实际使用情况如何？

新能源汽车国家大数据联盟（以下简称"联盟"）发布了 2021 年 6 月及上半年新能源汽车续航里程数据分析报告。报告显示，2021 年 6 月，我国新能源汽车续航里程同比增长 45.69%；1—6 月，同比增长 78.69%，保持较高增速。从具体车型看，乘用车是绝对主力，且以纯电动汽车为主。

基于国家监管平台车辆技术参数指标，联盟总结了近 3 年来我国纯电动汽车及不同车型续航里程情况，为新能源汽车整车综合性能水平提升、推动产业高质量发展提供了行业参考依据。

整体呈逐年上升趋势

中汽协数据显示，截至 2021 年 6 月底，全国新能源汽车保有量达 603 万辆，占汽车总量的 2.1%，其中，纯电动汽车保有量 493 万辆，占新能源汽车总量的 81.7%。上半年新注册登记新能源汽车 110.3 万辆，与去年同期相比增加 77.4 万辆，增长 234.9%；与 2019 年上半年相比增加 47.3 万辆，增长 74.9%，创历史新高。

随着新能源汽车销量的持续攀升，以及国家在政策方面的大力支持，消费者对新能源汽车的认可度也在不断提升，这使新能源汽车的使用强度不断增大，且呈现逐年上升趋势。联盟数据显示，2017 年新能源汽车续航里程仅为 6.11×10^8 km，2018 年增加到 1.1265×10^{10} km，2019 年达到 4.17×10^{10} km，2020 年进一步增至 6.41×10^{10} km。截至 2021 年上半年，新能源汽车累计续航里程为 4.4453×10^{10} km，同比增长 78.69%。

乘用车是消费主力

从消费类型看，乘用车成为主力，续航里程数据也证明了这一点。2017—2020 年，新能源乘用车续航里程占比分别为 24.06%、51.34%、66.67%、70.97%，呈逐年增长趋势。2021 年 6 月，乘用车续航里程达到 6×10^9 km，同比增长 53.72%，在当月总续航里程中占比接近 75%。2021 年上半年，乘用车续航里程达 3.27×10^{10} km，同比增长 88.58%，占比同样超过 70%。

而与乘用车相比，客车和专用车的增长主要还是依靠政策扶持。从新能源客车看，2021 年 6 月续航里程为 14.37×10^8 km，同比增长 22.3%；2021 年上半年续航里程为 83.55×10^8 km，同比增长 58.27%。在专用车中，伴随着新能源物流车的发展，专用车续航里程也在不断增长，2021

年 6 月续航里程为 6.58×10^8km，同比增长 37.63%；2021 年上半年为 33.88×10^8km，同比增幅突破 50%。

从具体续航里程数据来看，近 3 年我国纯电动汽车续航里程呈逐年增长的趋势，纯电动乘用车续航里程在 400km 以上的车辆占比快速增长。在商用车领域，纯电动客车整体续航里程在 300km 以上的车辆占比明显提升。数据显示，300km 以上续航里程段的纯电动客车占比逐年扩大，由 2018 年的 44.7% 提升至 2020 年的 77.7%；300km～400km 续航里程段的纯电动客车占比从 2018 年的 15.3% 提升至 2020 年的 28.4%；400km 以上续航里程段的纯电动客车占比从 2018 年的 29.4% 提升至 2020 年的 49.3%；而 200km～300km 续航里程段的纯电动客车占比正逐年下降，从 2018 年的 47.4% 下降至 2020 年的 13.0%。

纯电动物流车整体续航里程则集中在 200km～300km，并且占比呈逐年快速增长趋势。2018 年以来，200km～300km 续航里程段的纯电动物流车占比均保持在 58% 以上，而在 2020 年实现突破，达到 78.2%，相较于 2019 年提高近 20%。这也与国家大力提倡使用新能源物流车相关。

纯电动占比达 84.5%

从车辆驱动类型来看，由于我国主推纯电路线，纯电动汽车是新能源汽车市场的绝对主力。2021 年上半年，纯电动汽车续航里程在总里程中的占比达 84.5%。插电式混合动力汽车 6 月续航里程为 11.92×10^8km，同比增长 34.89%，占比为 14.72%；上半年续航里程为 68.39×10^8km，同比增长 62.1%，占比为 15.4%。相比之下，燃料电池汽车还处于发展的初级阶段，仍以示范运行为主，2021 年上半年累计行驶 0.51×10^8 km，同比增长 84.25%。

随着新能源汽车市场的逐步扩大，车辆使用频次和强度逐渐提高，续航里程排名前十的地区集中度呈逐年下降趋势，由 2017 年的 78.28% 降至 2021 年上半年的 69.23%。2021 年上半年，广东省、浙江省、上海市的车辆续航里程位居前三，其中广东省新能源汽车续航里程遥遥领先，占比达 18.39%。

同样，自 2017 年以来，我国续航里程排名前十的企业车辆占比也在逐年下降。2021 年上半年，排名前十的企业车辆续航里程为 223.24×10^8 km，占比 50.22%，较 2020 年同期下降 5.39%。

⇨ 车型影响

从上下班到郊游、旅行，新能源汽车的车型变化与消费升级、技术发展及政策驱动紧密相关……

数字化助力房车改造

与全家人一起驾驶房车旅行，看着窗外的风景，在舒适的环境中聊天……这种旅行方式是后疫情时代旅行的正确打开方式之一。在后疫情时代，"冷门"的新能源房车有出路吗？路在何方呢？

新能源房车初露头角

当前，新能源汽车产业迅猛发展，但是新能源房车还是比较少见的。2021年5月20日，第十九届华中国际车展在武汉国际博览中心（汉阳）正式开幕。该届车展再次新增房车露营展区，场馆配置规模约20 000m^2，集结了包括宇通房车、上汽大通原厂房车、隆翠房车、戴德房车、亚特房车、赛德房车、齐星房车、舜宇房车在内的等近百家知名房车品牌，展出超过

500 款房车车型，20 余家露营基地和旅游服务机构参与其中。

对爱车一族来说，房车意味着什么？它在诞生之初就已经向世人证明自己不只是出行的交通工具，它希望我们知道，旅游不是走马观花赶路程，而是放慢脚步，随景而安，可以在大自然中做一顿热腾腾的饭菜，可以在车前的小溪边嬉戏打闹，可以在万里星空下安然入睡。

在国外，房车早已成为人们休闲旅游甚至生活中的一部分，而在中国，房车产业和房车旅游还处于起步阶段，但是发展潜力巨大。

2015 年，国务院办公厅印发《关于进一步促进旅游投资和消费的若干意见》，提出争取到 2020 年鼓励引导社会资本建设 1000 个自驾车房车营地；2016 年，国家旅游局同国家发展改革委等多部门联合印发《关于促进自驾车旅居车旅游发展的若干意见》，提出到 2020 年，重点建成一批公共服务完善的自驾车旅居车旅游目的地，推出一批精品自驾车旅居车旅游线路，形成网络化的营地服务体系和完整的自驾车旅居车旅游产业链条。

在国家政策的引导下，加上我国经济实力与综合国力的不断增强，道路交通不断完善，公众对于自驾游的需求也在日益增长，2016—2017 年，我国房车保有量从 4.8 万辆跃升至 6.9 万辆，2018 年，我国房车市场销量约 2.4 万辆，房车制造商 300 余家，拥有营地约 1200 余处。2020 年我国房车保有量约为 13 万辆，房车年销量超过 2 万辆，市场规模超过 60 亿元。据乘联会公布的统计数据，2017 年以来，我国房车市场规模增速均在 20% 以上，2020 年前三季度，房车销量达 9004 辆，同比增长 49%。

2021 年 5 月 20 日，中国电动汽车百人会发布《"碳中和"让新能源和新能源汽车成为"一担挑"》一文，文中表示，如果将"碳达峰、碳中和目标"比作一条扁担,那么扁担的一端担的是以风光电为主的非化石能源,另一端担的是以纯电动为主的新能源汽车。一根扁担担两头,要实现"碳达峰、碳中和目标",新能源和新能源汽车这对"一担挑"潜力巨大、能力巨大、责任巨大。

业内人士分析,中国新能源汽车2021—2025年销量年均复合增长率将达34.2%,这与补贴政策的延长及双积分政策的推动等利好政策有关。在良好的市场环境下,新能源汽车车企"铆足了劲儿",欲在未来的竞争中一马当先。在房车领域,新能源房车可谓初露头角,上汽大通、宇通客车、法美瑞等已在房车领域耕耘数年,取得了不错的成绩。

发展新能源房车任重道远

有房车爱好者表示,房车的确是热爱旅行、热爱自驾人士的钟爱之物,但是出于对新能源房车续航里程的担忧,不少人还是不敢迈出这一步。

另一位汽车行业专业人士赵先生表示,价格昂贵让很多热衷于房车的人望而却步。不过,近期法美瑞推出新能源C型房车头号玩家,据悉,这款新能源房车为油电混合增程式房车。

在房车行业占有一席之地的康派斯把重点放在了上下游的补链强链上。2018年,康派斯成立了专业的公司房车家园,主要是做房车零部件的产业园。有了专业化园区,房车零部件生产配套的上下游产业链初步形成。2018年,康派斯加速传统制造业"上云",找到了具有发展潜力的海尔卡奥斯互联网平台,吸引海尔成为公司股东,通过系统整合,使企业生产效率提高45%以上,整体运营成本降低20%以上,交货期从原来的35天缩短到现在的 20 天。

中国电子信息产业发展研究院（赛迪研究院）院长张立在《抢抓产业技术变革机遇，加快制造业数字化转型》一文中表示，海尔卡奥斯为服装、农业、建材等 15 个行业进行生态赋能。其中，通过为房车企业康派斯提供数字化改造服务，其产品溢价提升 63%，订单量提升 62%。

康派斯新能源车辆股份有限公司总经理刘绍勋表示，借助山东荣成一企一策和高质量发展的契机，康派斯加紧推进智能制造，以期实现智能化生产的终极目标。

发展新能源房车，任重而道远。对新能源汽车来说，续航里程问题已是老生常谈，这也是新能源房车回避不了的痛点。当下，新能源房车企业应抓住后疫情时代的机遇，同时提升新能源房车制造业的数字化、网络化、智能化发展水平。

"三孩"来了，多座车或迎来春天

崔东树认为，一对夫妻可以生育三个子女的政策对车市是重大的利好，这会成为六座车、七座车和 MPV 的发展转折点。

多座车短期或能迎来热潮

粤开证券首席宏观分析师罗志恒认为，短期来看，"三孩政策"可能利好 SUV 汽车市场板块。

政策出台后，多家企业以大空间为宣传点，大力推出多座 SUV。在空间方面，驾乘者可以拥有十分惬意、宽适的驾乘体验，无论大人还是小孩，坐在第二排都不会感到拥挤。

近年来，我国乘用车细分市场逐渐呈现轿车和SUV二分天下的局面，MPV和交叉型乘用车的市场份额逐渐被挤压。

据乘联会最新数据，从销售份额情况来看，2021年4月，轿车销售份额为44.42%，SUV销售份额为48.19%，轿车和SUV合计份额达92.61%，而MPV车型销售份额为4.99%，交叉型乘用车销售份额仅为2.39%，两者合计份额还不到8%。

随着"三孩政策"的到来，业内人士预测，受国内汽车消费理念转变、七座车6年免检等政策的影响，MPV将成为继轿车、SUV之后步入"黄金时代"的又一大细分市场，将为车市赋予更多活力。

就在"三孩政策"出台后不久，2020年6月3日，某车企在社交媒体上发布了一张全新车型的海报预告图，并配文"响应国家三胎政策，×××车，即将到来"[①]，从海报中可以看出，这款新车将采用2+2+2+3的座椅布局。

对于喜欢中大型汽车的人来说，九座车或许能吸引一定的消费人群。但据了解，九座汽车大多属于轻客，市场规模并不大，汽车行业资深人士表示，虽然有"三孩政策"，但多座车的前景并不会因此变得乐观。

---

① 应为"三孩政策"，此处引用该汽车官方微博的内容。——编者注

配套措施亟须落地

实施三孩生育政策在前期已有种种迹象，这是基于低生育率和老龄化率上升形势做出的调整。崔东树表示，中国车市是以中年消费群体为主，并逐步走向以老年消费为主的市场，因此国家出台"三孩政策"会使车市需求更多元化，是很好的事情。

崔东树认为，未来随着人口老龄化趋势的持续增长，中国车市也必然进入一个以中年消费为主的市场。对整个车市结构来说，虽然"三孩政策"将带来多座车销量的增长，但力度较小，我们的车市必然面向中年和老年消费者。目前的车市除了会带动消费升级，提升中大型车豪华车的销量，同时会拉动老年代步车和微型电动车市场的增长。

值得关注的是，国家人口政策的变动对汽车市场是有一定影响的。从2015年"二孩政策"实施以来，二孩家庭逐渐增多，七座SUV市场的需求量也在不断增长。乘联会数据显示，按照载客人数分类，七座车的销量比例从2020年的10.3%增长至2021年1—2月的10.4%。数据可见，实施"二孩政策"对于七座车销量的增长具有一定的促进作用。

罗志恒表示，生育政策的争鸣反映了兹事体大，但未能达成广泛共识。当前国家已充分认识到少子化、低生育率和老龄化率快速攀升带来的不利影响，对生育政策做出适时调整意义重大，下阶段配套支持政策的实施落地是更为关键的因素。比如，七座车、七座车的婴儿座椅最多能放几个，规格要求是怎样的，未来是否会有婴幼儿专用多座车。

现行的交通法规要求，低于12岁的儿童不允许乘坐在小型载客汽车的前排，也就是说，对于大多数车辆而言，仅有第二排可供儿童使用，乘车人数一旦过多，则空间非常逼仄，从这一方面看，多排、多座车还是很有市场前景的。

"微电"或将终结"老头乐"

2021年6月，工业和信息化部装备工业一司发文，由其组织全国汽标委开展修订的GB/T 28382—××××《纯电动乘用车技术条件（征求意见稿）》推荐性国家标准已经形成，公开征求社会各界意见。

征求意见稿内容与现行的《纯电动乘用车技术条件》（GB/T 28382—2012）标准相比，主要进行了两方面的修改，一是对原纯电动乘用车技术条件进行了修订更新，二是增加了微型低速纯电动乘用车这一新定义，并明确其技术指标和制造规范。

"老头乐"将被取代

以往，低速电动车因其价格低廉，驾驶简单，不需要驾照、牌照就能上路的特性风靡我国各地，但由于其安全性较低，发生事故时经常会给驾驶者和乘员造成人身伤害。该征求意见稿的发布，将有望改善上述情况。"老头乐"时代即将终结，迎面走来的则是"微电"时代。

征求意见稿中新增了微型低速纯电动乘用车的定义，即座位数在四座及以下、最高车速小于70km/h的纯电动乘用车。从今以后，老年代步车的名字或将一去不复返。

新标准将"座位数在四座及以下、最高车速小于70km/h的纯电动乘用车"称作微型纯电动乘用车。同时，新标准明确：微型纯电动乘用车的长度应不大于3.5m，宽度应不大于1.5m，高度应不大于1.7m，整车质量不超过750kg。

在微型纯电动乘用车的动力方面，新标准要求：按照《电动汽车动力性能试验方法》（GB/T 18385—2005）测量的30min最高车速应大于等于40km/h，且小于70km/h；0~30km/h加速时间应小于10s；最大爬坡度应不低于20%；4%坡度爬坡车速应不小于20km/h，12%坡度爬坡车速应不小于10km/h。

此外，新标准还规定了微型低速纯电动乘用车比功率的要求，采用电机峰值功率与整车整备质量之比计算的比功率值应不小于10kW/t，且不大于20kW/t，避免该类车辆出现动力不足或动力储备过剩的情况。

安全性有望大幅提升

此前，五菱宏光MINIEV因其相对实惠的价格，被称作"人民的代步车"，在成为老年代步车的取代者方面一度被寄予愿望。但是由于MINIEV刚刚上市之时缺少如安全气囊等基础安全配置，安全性一直备受质疑。

有媒体对MINIEV和老年代步车的安全性进行了暴力测试，测试方法为对两辆车进行50%的偏置对撞，碰撞时速为64km/h。虽然进行测试的老年代步车售价与五菱宏光MINIEV价格相近，但前者在车身结构上已经到了无法再缩水的地步——车的前舱没有纵梁，没有防撞梁，没有碰撞缓冲区，没有吸能盒，车身架构仅由几条钢管焊接而成，甚至连安全带都没有。

结果显而易见，碰撞结束后，老年代步车严重受损，驾驶舱凹陷，车内榉木材质的测试假人小腿被撞碎，大腿和手臂直接与躯干分离飞向车外，同时电池仓严重变形导致电池报废。MINIEV 在碰撞中的表现虽然碾压"老头乐"，但自己也伤痕累累，A 柱三处弯折、电池包轻微变形、轮胎侵入、踏板位移导致前排假人腿部严重受伤。

在安全性方面，新标准增加了微型低速纯电动乘用车碰撞安全要求、稳定性要求、限速装置、制动性能要求，动力蓄电池技术要求及微型低速纯电动乘用车可靠性要求等，均与现有电动汽车安全要求相同，新标准下的产品安全性有望大幅提升。

标准更新的积极意义

诚然，老年代步车有着种种不足，但其确实发挥了特殊的作用。截至 2019 年年底，我国人口总量达 14 亿，其中 65 岁以上的老年人约为 1.8 亿。虽然《机动车驾驶证申领和使用规定》中提到 70 岁以上仍然可以申领驾照，但这些老年人中能通过培训和考试的有多少呢？即便有价格相近的汽车产品，他们依然会选择"老头乐"作为代步工具。

测试结果就摆在眼前，制作工序简易潦草的老年代步车是对自己、乘客及其他人生命安全的不负责任。新版《纯电动乘用车技术条件》推荐性国家标准的编制原则要求：针对微型低速纯电动乘用车具有的低速化、小型化、轻量化等特点制定相关的技术条件，与纯电动乘用车安全要求相比，保持微型低速纯电动乘用车的安全要求不降低。

其实，政府对"老头乐"一直保持着较大的监管力度。早在 2015 年 7

月，工业和信息化部会同公安部、发展改革委、原质检总局、科技部五部门向国务院联合呈报了《关于低速电动车管理有关问题的请示》。同年 9 月，国务院批复同意了"升级一批、规范一批、淘汰一批"的四轮低速电动车治理总体思路，明确了加强低速电动车管理的措施要求，以引导产业转型升级、规范发展。2018 年 11 月，工业和信息化部联合五部门下发《关于加强低速电动车管理的通知》，并持续督促地方组织开展专项治理工作。

如果说之前的措施偏向于管理与限制，那么新标准则更侧重于引导企业升级，提升产品品质。另外，将低速电动车划入机动车的管理范畴，相关部门可以最大限度地沿用现有机动车管理制度，不用再另建一套管理制度，有利于加快推动后续的规范管理工作。

若新版标准能够正式通过政府审议并实施，一定程度上是对此类车型制造企业的"大清洗"。崔东树认为，把低速电动车纳入规范化管理，事实上是给予规范的企业一个上升的通道，同时淘汰不规范的企业。未来，市场多了新的选择，我们也有望见到更多合规的"微电"合法地行驶在道路上。

⊃ 无人驾驶与无人货运

如今，消费者正在慢慢感受无人驾驶带来的便利、智能，逐步接受无人驾驶汽车，相信在未来坐上"聪明的车"行驶在"智能的路"上不是梦。

"老司机"难找，无人货运或将到来

网购已经成为当下一种重要的购物形式，同时催生了"6·18""双十一"等电商购物节。购物狂欢过后，快递系统的压力随之而来，随处可见的厢式货车和快递电动车在街道上穿行，快递小哥加班加点，包裹却迟迟送不到消费者手中。人力总有上限，那无人配送车会不会改善这一局面？

早在2016年，美团就已经开始在北京市顺义区布局无人配送车，在2020年年初疫情防控期间获得了当地政府的大力支持，围绕顺义区15个社区及周边路线持续配送近300天，累计订单数超过1万单，基本实现了区域常态化运行。目前，美团无人配送车的运营里程已经超过1×10^5 km，支持无人配送设备在指定区域、指定时间运行。美团计划在未来三年内在顺义地区布局超过 1000 辆无人配送车，目标是实现全区域、全天候运营。

疫情防控期间，无人车配送的发展加快了。从 2021 年 6 月 3 日晚间开始，小马智行、文远知行和百度 Apollo 等自动驾驶企业紧急响应，率先投入了超过 20 辆无人驾驶车辆助力抗疫。其中百度 Apollo 调配了载重 500kg 的物流配送无人车、载重 1t 的阿波龙、载重 2t 的 Robobus 和 Robotaxi，文远知行投入了 Mini Robobus 和 Robotaxi，小巴单次可运输 800kg 的物资，运送速度可以达到 40km/h。

在疫情防控的背景下，自动驾驶的优势更加明显，无人车队连通了物资封闭卡口、防疫检测点和终端小区。运输车辆均搭载 L4 级别自动驾驶技术，从管控区域外出发，在无司机模式下自行抵达目的地，全程实现人员零接触式物资配送。此外，无人驾驶车辆的状态、调度、记录等都可以通过智能化车辆后台进行管理。

相比于乘用车的使用场景，L4 级别自动驾驶技术在配送、物流、工业运输的场景下更容易实现，不同于乘用车面临的复杂路况，这类场景大多属于封闭路况，路线相对单一。2018 年，百度 Apollo 全球首款 L4 级别量产自动驾驶巴士——阿波龙，就是基于特定场景研发并使用的。目前，无人驾驶车辆基本配备激光雷达、超声波雷达等传感器，能持续监测路面情况、周围物体，在特定场景下的应用能够降低交通事故发生的频率，提升搭乘人员安全保障。

无人驾驶卡车备受青睐

当下，无人驾驶卡车同样成为主流研发方向。2020年，一汽解放正式发布了和智加科技合作的全球首款量产自动驾驶重卡——J7 L3超级卡车。2021年3月，嬴彻科技发布了全栈自动驾驶系统"轩辕"，并将与东风商用车、中国重汽合作。2021年6月10日，阿里巴巴首席技术官程立在2021全球智慧物流峰会上透露，阿里正在研发无人卡车。与自动驾驶乘用车相比，自动驾驶卡车更加受到资本的青睐，这主要有两个因素：第一，自动驾驶卡车具有应用场景相对简单、技术难度相对较低的特点；第二，自动驾驶卡车市场规模可观，Acumen Research and Consulting预计，到2027年，全球卡车自动驾驶（包括全自动驾驶和半自动驾驶）市场规模将达880亿美元。

在公路事故的原因中，驾驶员和车辆本身为主要因素。和乘用车相比，卡车的盲区更多，对驾驶员的要求更高。自动驾驶技术可以通过传感器减少车辆盲区，没有驾驶员也避免了驾驶员疲劳驾驶等问题。

目前，中国卡车司机缺口高达1000万人，"90后"卡车司机的缺少导致了明显的年龄断层。未来5～10年，随着老一辈货运司机逐渐退休，货车司机将面临更大的缺口。无人驾驶卡车可以显著降低人工成本。麦肯锡的一份报告显示，2030年，使用无人驾驶货车系统后，美国卡车运输业的整体运营成本将下降约45%，可节省850亿至1250亿美元。

尚存在的难点

现阶段无人驾驶货运主要有两种收入模式：一是与承运人合作打造车辆并进行运输；二是运营自有的无人驾驶车队，为物流公司提供运力。但是目前这两种方式的盈利都远不及支出，以图森未来为例，第一季度营收为 94.4 万美元，净亏损达 3.85 亿美元。在短时间内，无人货运公司想要实现收支平衡还很难。

国内企业多在港口、矿区等封闭环境进行自动驾驶卡车测试，封闭环境和道路场景存在差异，封闭环境测试的数据并不适用于所有路况。同时，无人驾驶技术大多匹配电动车，但是考虑到商用车的负载情况，燃油车、电动车、燃料电池车哪款更适合，当下也没有答案。所以，无人驾驶行业的发展之路还很漫长。

商用车先行

中国工程院院士李德毅曾说，真正吸引市场的不完全是技术，更重要的是痛点和刚需。无人驾驶最先开进我们视野的是商用车。中国物流与采购联合会副秘书长郭肇明表示，目前我国卡车司机超过 2100 万人，年龄普遍在 40 岁左右，而"90 后"卡车司机寥寥无几，形成了明显的年龄断层，造成高达 1000 万人的卡车司机缺口。并且物流行业司机从业者在长途货运途中经常会疲劳驾驶引发安全问题，无人驾驶卡车将有望解决这一问题。目前从应用场景来看，无人驾驶卡车主要集中在港口、矿山、园区等限定场景，场景的无人化运营使工作效率大幅提升，并有效地解决了长期困扰的痛点和难点。

确实，在无人驾驶的诸多场景中，商用车走在行业前列，激发着自动驾驶的活力。而在乘用车方面，无人驾驶也做出了诸多尝试，渐渐映入眼帘的智能公交、Robotaxi 等也正在稳步发展中。无人驾驶出租车在多地实现试运营。在广州，一支由 5 台无人公交车组成的无人驾驶车队历时 7 小时完成了当地 1500 余名师生、医护人员的接驳工作，顺利协助完成核酸检测任务。

政策助力自动驾驶

自动驾驶的发展离不开政策的扶持和推动，近年来，无人驾驶领域相关政策法规陆续发布。智能网联利好政策相继出台。2018 年 4 月，交通运输部、工业和信息化部、公安部联合出台了《智能网联汽车道路测试管理规范（试行）》，首次从国家层面就规范自动驾驶道路测试做出了规定。2020 年年底，国务院办公厅发布的《新能源汽车产业发展规划（2021—2035 年）》也提出了推进以数据为纽带的"人—车—路—云"高效协同、协调推动智能路网设施建设等一系列涉及自动驾驶领域的发展规划。

2021 年 3 月，工业和信息化部、公安部、国家标准化管理委员会发布的《国家车联网产业标准体系建设指南（智能交通相关）》提出，到 2022 年年底，制定和修订智能交通基础设施、交通信息辅助等领域智能交通急需标准 20 项以上，初步构建起支撑车联网应用和产业发展的标准体系；到 2025 年，制定和修订智能管理和服务、车路协同等领域智能交通关键标准 20 项以上，系统形成能够支撑车联网应用、满足交通运输管理和服务需求的标准体系。

2021年6月10日，工业和信息化部发布《关于开展车联网身份认证和安全信任试点工作的通知》，意在加快推进车联网网络安全保障能力建设，构建车联网身份认证和安全信任体系，推动商用密码应用，保障蜂窝车联网（C-V2X）通信安全。

关于智能网联汽车的利好政策陆续出台，充分体现了我国大力发展智能网联汽车的决心。此外，为推动C-V2X产业尽快落地，全国多地先后建设了智能网联汽车测试示范区，共同推动自动驾驶发展。

完全无人驾驶还有多远

人们都在畅想有朝一日能乘坐科幻片中经常出现的无人驾驶汽车，在车内谈笑风生、休息读书，只要一句话，就能改变路线、更改乘坐模式。虽然目前我国智能网联汽车正在飞速发展，但无人驾驶相对而言还是个"新生儿"，还都被"圈养"在路况简单的区域训练，离真正的托管还有一段"发育时间"。

伴随着接连不断的安全问题，数据安全问题经常被用户诟病。在用户接受方面，刹车失灵、个人隐私泄露等问题刺痛着消费者的心，让他们对无人驾驶望而却步；在车企方面，对用户的个人信息的滥用同样应该被规范；在国家层面，一些重要信息的泄露可能威胁国家安全。网信办起草了《汽车数据安全管理若干规定（征求意见稿）》，填补了汽车信息安全的空白，但仍需进一步执行落实。

埃隆·马斯克说过，完全无人驾驶的人工智能的重要组成部分是由整个道路系统与光学成像系统组成的生物神经网络,如果这个问题无法解决,那么完全无人驾驶汽车很难实现。要全面构筑"人—车—路—云"全域数据感知的智能路网,进入"聪明的车"与"智能的路"相互协同的新阶段,就需要进一步推行智慧交通、智慧道路、智慧城市等基础设施建设。

虽然目前政策鼓励无人驾驶技术发展,但实际的法律配套还有较大差距。相关配套法律法规不完善,行业发展没有法律支撑寸步难行,包括配套的保险、追责机制等都亟待完善。

⊃ 从销量看市场消费热点

2021年年中，中国汽车市场迎来期中考，根据乘联会发布的数据，2021年6月乘用车销量延续了此前下滑的趋势，新能源汽车方面，产量刷新同期历史纪录，同时销量再创新高，上半年累计销量相较去年有所增长，新能源汽车累计销量已与2019年全年水平持平。

从具体数据来看，2021年6月乘用车市场零售达到157.5万辆，同比2020年6月下降5.1%，相较2019年6月下降11%。2021年1—6月累计销量达到994.3万辆，同比增长28.9%。6月新能源乘用车零售销量达到22.3万辆，同比增长169.9%，环比5月增长19.2%。2021年1—6月新能源车零售100.1万辆，同比增长218.9%。

A00级电动车成为主力

2021年6月新能源汽车市场占有率已经达到14.6%，1—6月新能源汽车市场占有率为10.1%，相较2020年有很大提升。2021年上半年新能源汽车销量中，A00级电动车占比最高，达到32.5%，A00级电动车依旧是新能源市场的核心主力。

乘联会 2021 年 1—6 月新能源汽车销量排行榜前 15 名共有 5 款 A00 级电动车，分别是宏光 MINI、欧拉黑猫、奇瑞 eQ、奔奔 EV、零跑 T03，其中宏光 MINI 销量为 157 939 辆，继续占据榜首。自 2020 年 8 月以来，A00 级电动车超越 A 级电动车，成为新能源汽车市场中占比最高的细分市场。

越来越多的企业进入 A00 级电动车这一细分市场，上汽通用五菱凭借去年上市的宏光 MINIEV，稳居 2021 年 6 月新能源汽车销量榜第二。同时，欧拉、奇瑞、长安汽车等传统车企也纷纷瞄准这一市场。此外，上汽乘用车推出的科莱威，2021 年 6 月的销量也位于销量榜前十，并且销量还在持续上涨。

A00 级电动车市场迎来了"繁荣期"，受到政策影响，该细分市场还将释放巨大潜力，未来也许还会有更多的车企加入竞争。

自主新能源汽车优势扩大

2021 年 6 月，新能源汽车市场仍以中国品牌为主，比亚迪以 40 317 辆的销量，超过特斯拉问鼎新能源汽车销量第一的位置。上海通用五菱位于第二，特斯拉滑落至第三。

2021 年上半年，比亚迪乘用车总销量 242 321 辆，其中新能源汽车累计销量 150 211 辆，超过燃油车 92 110 辆的销量，新能源汽车已经成为比亚迪市场销量的主力。2021 年 6 月，比亚迪旗下 EV 纯电动车型销量为 20 016 辆，同比增长 102%，继续保持稳步增长态势。

DM 插电式混动车型销量为 20 100 辆，同比增长 536.7%。DM-i 技术的推出解决了新能源汽车市场"两头热中间冷"的市场现状，能够满足预算为 10 万至 30 万元的用户的购车需求。2020 年，时任比亚迪汽车销售有限公司总经理的赵长江分析道："我觉得不是没有市场，是没有一个特别好的产品解决和满足消费者的需求。"

首款搭载刀片电池的旗舰新车型汉 EV，2021 年 6 月的销量仅次于秦 PLUS DM-i，达到 5802 辆。汉 EV 销量增长与比亚迪的电池安全有很大关系，比亚迪在 2020 年发布刀片电池，针刺后不起火、不爆炸，缓解消费者对新能源汽车安全性的质疑。此外，宋 DM、秦 PLUS EV 和比亚迪 e2 都跻身乘联会 2021 年 6 月新能源汽车销量 15 强排行榜。

在外国品牌方面，特斯拉 2021 年 6 月在中国市场的销量为 28 138 辆，上半年累计销售超过 16 万辆，Model 3 和 Model Y 两款车型 6 月销量及上半年累计销量均包揽第二和第三。特斯拉经历此前诸多闹剧之后，4 月跌入销量谷底，不过 5 月便开始回升，6 月已经回到正常水平。值得一提的是，特斯拉 2021 年上半年国内的交付量已经超过了去年全年的交付量。

数据显示，中国市场的销量占据特斯拉全球销量的 42%，中国已经成为特斯拉全球最大的市场。特斯拉 Model 3 和 Model Y 价格已经下探到 30 万元，并且成为 30 万元区间十分畅销的纯电动车，这对国内新势力车企造成一定的影响。特斯拉在纯电动领域一家独大的局面仍未打破。

传统合资品牌"触电"遇冷

传统合资品牌的新能源汽车在中国市场的销量远不及自主品牌,以大众为例,虽然南北大众整体销量依旧位居榜首,但是其新能源汽车的销量并不乐观。

2021年5月,大众在华投产的两款新能源车型ID.4 X 和 ID.4 CROZZ 在华销量仅为1213辆,5月 Model 3 中国市场的销量为 20 735 辆。

在全球新能源汽车市场,2021年5月销量第一的是特斯拉,大众位于第三。大众ID系列在欧洲单月销量接近8000辆,成为欧洲最畅销的电动车。大众想要进一步提高销量,势必要解决其在中国市场遇到的问题,ID.4 遇冷,ID.6将成为大众提升销量的关键。

总体来看,新能源汽车市场渐入佳境,综合实力提升,同比环比均有增长。自主品牌成绩亮眼,逐渐占据市场主导地位,不过纯电动车领域仍由特斯拉占据主导地位。同时,A00级电动车市场已经成为新能源汽车市场的主力,未来加强对微型低速纯电动乘用车的管理后,该市场有望进一步扩大。

案例 2021年南京新能源汽车下乡活动

继南京溧阳站和重庆站之后,2021年6月25日,由工业和信息化部、农业农村部、商务部、国家能源局组织的2021年新能源汽车下乡活动(第三站）在南京溧水正式启动。

郭守刚在致辞中表示："便捷、绿色、安全出行是美丽乡村建设的最大短板和最大需求之一，在农村地区扩大新能源汽车推广应用，能够提升农村交通安全水平，带动路网、电网等基础设施改造提升，促进可再生能源的生产利用和配套产业升级，助力农村经济高质量发展。"

众所周知，新能源汽车是全球汽车产业转型升级、绿色发展的主要方向，也是我国汽车产业实现二氧化碳减排目标和高质量发展的战略选择。近年来，我国新能源汽车不仅在中大城市迅速推广，而且在农村市场发展迅速。

中国汽车工业协会副秘书长何毅表示："自 2020 年下半年新能源汽车下乡活动启动以来，下乡车型在 2020 年 7—12 月同比增长了 80%，有效助力了新能源汽车的加速回暖，顺势而上、乘势而为。"

实际上，农村与城市用车环境不同，农村充电和停车条件便利，消费者已经普遍接受了以纯电为动力的车辆，这为在农村地区推广新能源汽车奠定了良好的基础。与此同时，产品方面有测评结果显示，新能源汽车用户满意度已经接近燃油车的水平，服务收费满意度超过了燃油车，新能源汽车正在成为更多消费者的选择。

2021 年新一轮汽车下乡活动再度扬帆启航，有利于惠及广大乡村消费者，助力乡村升级，为满足乡村人民对安全、绿色、便捷、美好的出行需求做出贡献。截至 2021 年 5 月，我国新能源汽车产销分别完成了 96.7 万辆和 95 万辆，同比增长 2.2 倍，市场渗透率达到 8.7%，5 月份渗透率达到 10.2%，保持了强劲的增长势头。

新能源汽车与充换电基础设施存在密不可分的关系。2021年政府工作报告明确提出，要加强新能源的新型基础设施建设，增加充电桩、换电站等设施，加快建设动力电池回收利用体系。

为配合新能源汽车下乡活动的开展，国网江苏省电力有限公司副总经理夏勇称："国网江苏电力建立了充电设施报装绿色通道，提出了买桩买车一站式服务，降低充电桩的充电成本，加速充电桩的充电时间。"

目前，国网江苏电力已深入江苏全省1037个乡镇，广泛开展调研，了解需求，统筹推进实施建设与运营，在全国率先实现充电设施乡镇全覆盖；在13个地市及17个区县，与车企、经销商合作建设电动汽车体验中心，开展巡游、无人驾驶体验，开展充电桩展示与使用教学等宣传展示。

接下来，国网江苏还将持续优化充电网络，加快构建县、乡、村三级的网络，实现镇镇覆盖，村村可充；提高居民安全用电意识，开展乡村充电设施安全用电专项宣传，积极开展充电设施安全隐患的排查整治工作；拓展下乡活动的广度和深度，在江苏13个地市提供车、桩、网一体化的综合服务和产品，让乡村居民享受绿色、智能、低碳的出行。

第五篇

挑战与机遇

要点导读

中国新能源汽车可被称为政策驱动成功的典范。财政补贴对于消费者及车企都产生了强烈的刺激，市场热度不减。虽然补贴逐年减少并即将完全退出，但相应的接续政策，如双积分等政策接力棒将不断传递。不过，产业的壮大最终要靠市场化推动，因此，新能源汽车产业在进入 3.0 时代后，车企只能依靠过硬的产品和先进的技术才能立于不败之地。

当前，新能源汽车在关键零部件，特别是芯片方面存在短板，供应链存在缺环，智能化、网联化与电动化融合尚存在不足。此外，政策与市场的博弈、消费与供给的谐振、品牌与产品的定位等方面都需要重新评估，这些给新能源汽车 3.0 时代带来了挑战和机遇，让我们满怀欣喜地迎接新能源汽车 3.0 时代吧。

一道让车企茅塞顿开的高考题

6月是高考季。2021年全国文综乙卷第38题以我国民族品牌新能源汽车龙头企业生产经营从"垂直整合"向"供应链开放"模式的演变历程为素材,分析其"从垂直整合模式向供应链开放模式转型的经济动因",这道题目在汽车圈内广为流传。近年来,新能源汽车颇受关注,特别是在碳达峰和碳中和的背景下,高考题目涉及新能源汽车企业,也是相当与时俱进的。

题目给出的材料显示:"甲企业目前已拥有电动汽车核心零部件动力电池、电动机、电子控制系统等方面的自主专利,成为国内唯一一家掌握'三电'核心技术的新能源汽车企业。"不难发现,甲企业正是比亚迪。2021年6月9日,王传福在2021亚布力中国企业家论坛上证实了此事。

垂直整合,难以在细分市场保持优势

据了解,垂直整合是一种提高或降低公司对于其投入和产出分配控制水平的方法,即公司对其生产投入、产品或服务的分配的控制程度。垂直整合意味着公司的价值链与其供应商、经销商价值链之间的整合水平。在公司战略发展过程中，垂直整合往往被考虑为一项战略选择，例如，在供应商过于强大对公司发展造成威胁的情况下，一种战略解决方案就是大量收购供应商。

垂直整合模式存在生产成本高、难以在细分市场保持优势、产品的生产效率低、产能低、产品销量和增速低于行业平均水平等问题。

众所周知，比亚迪是从动力电池起家的整车企业。为了解决垂直整合模式使企业发展受限等问题，只有全产业链布局才能帮助企业形成产业闭环，发挥整体优势，降低成本，但这对企业的资金、技术、规模及前瞻性布局策略等要求较高。

为了适应市场化竞争，比亚迪的动力电池业务已由封闭走向开放，将面对所有的整车制造商供货。业内人士普遍认为，比亚迪动力电池对外供货，或将极大改变中国和全球动力电池市场的格局。自2020年以来，比亚迪先后发布刀片电池、纯电 e 平台、超级混动 DM-i 等技术，以及汉 EV、秦 PLUS DM-i、宋 PLUS DM-i、唐 DM-i 等车型，获得国内外市场的肯定和喜爱。

产业链开放，助力新能源汽车发展

比亚迪品牌及公关事业部总经理李云飞在微博上公布了2021年高考全国文综乙卷第38题的"参考答案"，他表示，产业链开放有助于加快新能源汽车的发展。

比亚迪调整经营战略，打破了传统发展模式，从垂直整合模式向供应链开放模式转型，聚焦核心技术，发挥比较优势，从而实现资源优化配置。

在供应链开放模式方面，比亚迪的产业链从前端上游的矿产资源，一直到整车的制造和运营，最后到电池的回收，形成了一个"上游锂矿资源—锂电原材料—动力电池—新能源整车—电池回收"的全产业链闭环，比亚迪研发了各种类型的新能源车，涉及7个常规领域和4个特殊领域，实现了全领域覆盖。

在三电核心零部件及平台技术方面，李云飞曾透露，比亚迪正与奔驰、丰田等众多企业开展合作，比亚迪半导体将先于动力电池上市，其旗下弗迪电池会逐渐推向市场。

事实上，从垂直整合模式向供应链开放模式转型，不仅是比亚迪一家的做法，以银隆新能源、宇通客车、中通客车等标杆企业为代表的企业模式创新实践，正引领我国新能源汽车产业的新一轮革命。

除了全产业链布局，银隆新能源还通过国内外合作，实现了互利共赢，加快了产业链供应链现代化进程，提升了产品的国际竞争力和影响力，最终提高了经济效益。银隆新能源选择与资本合作令其声名大噪，珠海格力电器股份有限公司董事长董明珠以个人之力携手王健林、刘强东等人入股银隆新能源，成为以资本运作方式迅速做大做强的企业的独特案例。银隆新能源牵手董明珠后，市场布局频现"大手笔"，在各地的投资进展加速，相继在珠海、南京、兰州、成都、天津建设产业园，总投资超过300亿元。

综上所述，企业要想发展，除了提高劳动生产率、创新发展活力，还应沉潜思考：如何重塑商业发展模式，掌握长赢重器？这才是实现汽车强国梦的有力支撑和根本路径。

⟳ 救"芯":增强芯片自主供给能力

在基础设施数字化改造的背景下,芯片进一步成为发展5G、人工智能、物联网、自动驾驶、工业互联网等必不可少的基石。但汽车芯片的短缺让汽车厂商、智能设备行业多少受到影响。

汽车芯片为什么会缺货

2021年,多家汽车制造商在财报中发出警报表示,芯片短缺的影响将继续恶化。咨询机构曾预计芯片短缺将导致全球厂商2021年减产390万辆,营收减少1100亿美元。

缺"芯"情况加剧

2021年4月15日,福特汽车因芯片供应紧张,计划大幅削减产能。

2021年4月19日,通用汽车暂停了韩国富平两家工厂的生产任务。

2021年5月5日,全球第四大汽车集团——由PSA和菲亚特克莱斯勒合并的Stellantis集团在业绩声明中表示:"半导体短缺的情况第二季度会比第一季度更为严重,芯片短缺已经造成一季度规划中的产量减少11%。"

国内车企同样未能幸免。蔚来汽车 2021 年 3 月 26 日表示，由于芯片短缺，将临时停产 5 个工作日。吉利汽车向供应商锁定 3～6 个月长期订单。2021 年 4 月 25 日，长城汽车发布公告称，由于芯片供应紧张，工厂受到一定程度的影响，但并未停产。一汽-大众由于芯片短缺，4 月产能收缩，导致当月销量缩减 20%。

芯片短缺的原因

当前车厂缺少的主要是微控制单元（MCU）芯片，MCU 芯片是目前应用最广泛的芯片，2020 年出货近 235 亿颗，汽车电子应用占据了超过 1/3 的 MCU 市场。随着汽车电动化、智能化、网联化发展，车企对 MCU 的需求大幅提升。每辆汽车搭载超过 20 个 MCU，同时同一辆车上的 MCU 通常来自多家供应商。

例如本田雅阁的 20 个 MCU 由 7 个供应商提供；奥迪 Q7 用了英飞凌、瑞萨等 7 个供应商的 38 个 MCU。而且上游芯片供应商需要复杂的认证过程，汽车厂商短期内无法更换供应商。

从 2020 年起，"芯荒"迟迟得不到解决，汽车行业因此面临减产甚至停产的困局。究其原因，主要有以下三点。

一是疫情及自然灾害。席卷全球的疫情导致生产力下降。同时，疫情防控期间，居家办公成为常态，电脑、手机等产品需求量增大，在产能有限的情况下，各个产业都需要抢夺芯片资源，在一定程度上占据了汽车芯片的产能。同时，地震、雪灾、旱灾等自然灾害也影响了芯片产能，进一步增加了压力。

二是车用芯片的生产主要集中在少数企业，比如汽车芯片研发公司英飞凌、恩智浦和瑞萨电子占据市场供应量的40%。芯片产业技术相对复杂，想要短时间内大幅提升产量并不现实。全球芯片产业拥有4500亿美元的市场规模，而车载芯片仅占不到10%。相对于其他芯片，车载芯片利润较低，这导致企业转产车载芯片不积极，市场缺乏足够的补充能力。

三是由于汽车行业一度增长缓慢，2018年和2019年国内汽车销量连续下滑。2020年疫情暴发后，汽车市场陷入困局，各大主机厂商均减少了芯片订单量。因此，芯片厂商对2020年汽车芯片需求量预判较低，并降低了汽车芯片产能。但是中国汽车市场快速复苏，各大汽车厂商销量增加，增加了对芯片的需求。汽车企业的芯片订单量超过了芯片厂商的预期，造成了2020年第四季度芯片供应紧张。

何时能够缓解

芯片荒的主要原因在于目前处于供不应求的状态，加之芯片产业链较长，产能无法满足需求。台积电相关负责人表示，虽然车规级芯片短缺问题仍在持续，但随着芯片厂商恢复生产，产能提高，预计这一问题会有所改善，预计汽车芯片短缺会持续到2022年年初。

中国汽车工业协会认为，芯片短缺问题或要等到2021年第四季度才能缓解。基于当前行业的情况，芯片供应短缺的问题或将持续至2022年1月。

此次芯片荒对于中国市场来说，更多的是展现了国产汽车企业严重依赖进口芯片及国产汽车芯片研发不足的现状。当前国产芯片主要是各类周边辅助芯片，而汽车传感器芯片、ADAS芯片、车载网络芯片等关键系统芯片几乎全都依赖进口。中国汽车芯片产业创新战略联盟数据显示，2019年中国自主汽车芯片产业规模仅占全球的 4.5%，国内汽车行业中车用芯片自研率仅占 10%。

我国正在大力改善这一现状，2020 年 9 月，中国汽车芯片产业创新战略联盟成立，联合产业链上下游，打破行业壁垒，推动我国汽车芯片产业的发展。《新能源汽车产业发展规划（2021—2035 年）》明确，将大力推动车控操作系统及计算平台、车规级芯片等自动驾驶技术和装备研制。2021 年 2 月，工业和信息化部发布了《汽车半导体供需对接手册》，支持组建汽车半导体应用推广工作组、应用对接座谈会。

随着汽车行业向电动化、智能化和网联化发展，未来汽车的大部分功能将由软件提供，对芯片的需求将越来越大。国内外许多企业都将在芯片研发中投入力量。相信不久之后，中国车企可以不再受制于人，解决芯片"卡脖子"的问题。

车企要开始救"芯"吗

2021 年 4 月 15 日，中科院战略咨询院产业科技创新中心汽车行业特聘研究员鹿文亮表示，芯片短缺现象，并不只发生在中国，全球产业链都受到芯片产能不足的影响。

全球"缺芯"实锤

市场研究机构英国埃信华迈公司早先曾预测，2021 年第一季度，全球将有100万辆汽车因"缺芯"而推迟交付。大众、丰田、本田、日产、福特及通用等多家汽车公司先后宣布停产或减产计划，全年全球汽车产业销售额将减少600亿美元。我国造车新势力企业蔚来曾宣布因芯片短缺停产5个工作日，成为国内第一家因芯片短缺停产的新造车企业。但李斌在蔚来汽车第10万辆车下线仪式上表示，整个行业都面临芯片短缺的挑战，芯片短缺不是蔚来一家的事情，是整个行业的事情。

"目前所说的芯片短缺主要是因为上游供给出现了一些问题，导致无法保证正常供给。"崔东树表示，这对整车企业来说，并不是特别乐观。"从国内来看，主要还是乘用车企业存在缺芯情况，尤其是合资企业，缺芯问题可能相对比较严重。原因在于它们的供应链在海外，更容易受到国际车企的总体供应链的影响，而国际车企总体对产销预测相对来说不是很乐观，所以它们受到的影响更大一些。"崔东树如是说。

在美国，芯片的供应紧缩可能导致2021年美国乘用车和轻型卡车的潜在产量缺口达到130万辆。

"对大部分车企来说，其实芯片短缺并没有想象中那么严重。"鹿文亮表示，"受新冠肺炎疫情影响，首先，上半年芯片行业对消费电子和汽车市场预测偏保守，芯片生产计划及研判并没有完全同步，导致准备不足。其次，疫情以来，大部分芯片厂商把芯片供应给热销的消费电子类，而汽车芯片在整个芯片行业的占比只有10%左右。"

针对研判偏差问题，中国汽车工业协会副秘书长李邵华表示，汽车行业和芯片行业是完全不一样的两个产业链，但同时又都是长周期的产业链，短时间的信息不对称、信息错配就会对未来的预期和预判产生非常大的偏差。

车企不必惊慌"救芯"

芯片缺失对规模较小的车企影响并不大。李斌也表示，蔚来汽车受到的影响相对较小，因为其规模比较小。2021年4月15日，长沙智能驾驶研究院有限公司（以下简称"希迪智驾"）相关人士表示，该公司暂时不存在"缺芯"问题。希迪智驾成立于2017年10月，是一家以智能驾驶科技创新及应用为导向，致力于打造能落地的智能驾驶商用车及关联技术产品的公司。

芯片整体产能不足是回避不开的一环。鹿文亮说："不仅是新冠肺炎疫情的影响，德国断电、日本水灾等，都会对全球产能造成影响。"

对于芯片短缺的问题，鹿文亮坦言："当下有些舆论风向将缺芯问题吹嘘得过于严重，这让一些企业开始囤货，导致芯片价格高出市场价格10倍、20倍，甚至百倍，让有迫于压力的整车企业为之买单。"

2021年3月24日，工业和信息化部召开汽车芯片供应问题研讨会。鹿文亮表示，工业和信息化部此举措将解决眼前供需双方资源信息不畅通的问题，可以加强各方协同联动，实现信息互通共享。"也就是说，工业和信息化部此举减少了芯片生产商、供应商到整车企业中间的步骤，也就是省去了渠道，可以最快解决当下问题。"鹿文亮说。

崔东树认为，当下汽车行业应先稳定产业体系。对车企来说，第一，整车企业可以通过调整内部产销结构，减少缺失芯片车型的生产，减轻对芯片的依赖；第二，整车企业可以选择国内与其所生产车型相匹配的供应商，加强多轨制配套体系建设。

对车企来说，鹿文亮表示，大部分车企的生产模式都是模块化的，车企对车的产能调配基本是根据市场调节的。对于芯片企业来说不一样，芯片企业可以调整产能，以更好地供应整车企业。

增强芯片自主供给能力

芯片行业是半导体行业里的一个分支，主要分为两类，硅基芯片和化合物芯片（又称化合物半导体）。通常，我们说的集成电路，是指芯片。"十三五"期间，中国集成电路产业发展总体上非常骄人，产业规模不断扩大。据中国半导体行业测算，2020年我国集成电路销售收入达8848亿元，平均增长率达到20%。而芯片产业的高质量发展关乎未来。既然"芯荒"是全球问题，那么打造强大的芯片自主供给能力就显得尤为重要。

李邵华在此前集中回复汽车行业"缺芯"问题时表示，中国汽车产业的各个环节应该理性看待芯片供需失衡这一矛盾，市场层面的影响因素会随着时间的推移逐步得到缓解。

李邵华表示，汽车生产企业已在积极采取应对措施，合理安排生产节奏，调整备货周期，增加供应商选择，优化供应链布局。中国汽车产业走过了受疫情影响最严重的阶段，相信有足够的韧性面对后疫情时代可能出现的各种问题。

全球企业都应增强上下游企业的研发能力和制造工艺水平，通过强链补链，持续增强产业链的韧性和弹性，确保不"掉链子"。

⟶ 求变：向死而生是选择，主动求变谋出路

2020年12月31日，财政部、工业和信息化部等四部委共同发布《关于进一步完善新能源汽车推广应用财政补贴政策的通知》。该通知指出，加大僵尸企业退出力度，鼓励优势企业兼并重组、做大做强，坚决遏制新能源汽车盲目投资、违规建设等乱象，推动产业向产能利用充分、产业基础扎实、配套体系完善、竞争优势明显的地区和企业聚集，不断提高产能利用率和产业集中度。

新能源车企打"僵尸"

所谓"僵尸车企"，主要指具备汽车生产资质却缺乏与时俱进的能力，长期处于停产或者半停产状态、无法维持正常市场经营的企业。对国内汽车市场而言，在经历了连续两年的下滑后，原本经营困难的车企厂商将面临关停倒闭的风险；对新能源车企而言，产能过剩也许正在呈现。2021年，对所有车企而言，不进则退。

遍地开花不可怕，停滞不前即出局

2009—2017 年，我国汽车企业如雨后春笋般，可谓"遍地开花"。但是，随着科技的不断进步、我国汽车企业自主研发能力不断提升，拘泥于"拿来主义"，满足销量现状的车企被隔空点名。四部委这次出台的政策可谓点醒了各方。鹿文亮表示，当前，国家在大力清退僵尸企业，2020 年，受疫情影响，加之自身存在多年的问题未被解决，我国很多汽车企业走上了倒闭或被收购之路。

要说有哪些车企永远地停留在了 2020 年，大家一定不会忘记众泰汽车。随着国产车的崛起，许多龙头企业都在坚持自主研发，而众泰汽车仍旧选择故步自封，最终以母公司铁牛集团负债 750 亿元倒闭告终。在中国汽车蓬勃发展阶段，有些车企基础比较差，不具备自主研发能力，即使是前期赚了一部分钱，也并没有把这些钱投入研发，一味地选择抄袭、模仿，导致成本一直降不下来。

2021 年年初，拜腾汽车与富士康科技集团在南京经济技术开发区签署了战略合作框架协议。此前拜腾汽车正忙于破产重组，但 2021 年 1 月 22 日，富士康科技集团董事长刘扬伟在电话会议中发表了主题为"让拜腾赢"的演讲，力争在 2022 年第一季度让拜腾实现 M-Byte 量产。当然，富士康在代工电子产品方面的确有优势，但生产汽车的复杂程度要比生产电子产品更高，涉及范围也更广，它能否帮助拜腾逆风翻盘呢？我们拭目以待。

鹿文亮说："对新势力而言，要想继续存活，必须尽快提升自己的销量，保证品牌质量，突出自己的品牌优势。"小鹏、蔚来、理想三家造车新势力公布的数据显示，2021年1月，交付量最高的仍是蔚来，1月交付了7225辆；小鹏交付了6015辆，位列第二；理想汽车交付了5379辆车。数据显示，2018年至2020年上半年，小鹏汽车累计研发投入为37.52亿元。

一直大力投入资金搞技术的小鹏汽车终于赶上来了。仅2019年，小鹏的研发投入高达20.7亿元，几乎接近其当年23.2亿元的总营收。2020年第三季度财报显示，小鹏营收19亿元，研发支出为6.354亿元；理想同期营收为25.11亿元，研发支出为3.345亿元；蔚来同期营收为45.26亿元，研发支出为5.9亿元。无论是研发投入的绝对值还是研发强度，小鹏都是造车新势力中的佼佼者。2020年4月27日，小鹏P7发布时，何小鹏公开过自研的自动驾驶辅助系统XPilot实测视频。正是在小鹏P7的助攻下，小鹏2021年1月的交付量跃居造车新势力中第二名。据悉，小鹏推出的第三款量产车是一款紧凑型轿车，搭载与大疆孵化的Livox览沃科技合作的定制版车规级激光雷达。

造车新势力们在保证销量的同时，仍要继续突出品牌特色。全面发展不会导致平庸，而是强者更强。

向死而生，主动求变

随着消费者对车的需求逐步扩大，加之国家对新能源汽车的推广力度逐渐增强，新能源汽车逐渐被更多人加入"购物车"。一位从事新能源汽车行业多年的专业人士表示，企业要经过市场检验，没有竞争力的企业自然会被淘汰。

2020年的汽车市场很难。除了疫情影响，车企还面临市场整体疲软。

从 2018 年开始，汽车市场出现负增长，很多企业都面临挑战，传统汽车也难逃此劫。在本次清退"僵尸企业"的号召下，经营困难的传统企业该如何自救呢？"传统汽车企业应该加速向智能网联、新能源方向转型，在提高销量的同时，也要加大研发力度。"鹿文亮如是说。

一些没有核心技术、基础薄弱的车企开始抱着向死而生的心态，主动在变革中谋出路。

1988 年诞生于海南省海口市的海马汽车是一家传统车企，在汽车产业发生变革的背景下，它面临存亡大考。有资料显示，海马汽车未来将投入 30 亿元用于产品研发，主动求变谋出路，推出数款新能源车型。海南省省长在 2018 年博鳌亚洲论坛上公开表示，海南将于 2030 年前全岛使用新能源汽车，成为全国首个明确提出禁用燃油车时间表的省份。一方是将大力发展新能源汽车作为未来业务核心的车企，另一方是迎合新能源产业、极力创造政策的地方政府，如此看来，作为生长在海南省的海马汽车，把握住这次机会，就等于为存活下去增加了筹码。

东南汽车作为一家有着 24 年历史、多次出现爆款产品的传统车企，也面临销量负增长的挑战。东南汽车公关总监陈百慧在接受媒体采访时表示，在推动车型节能减排方面，东南汽车"福建省乘用车节能减排技术重点实验室"成功入选 2019—2020 年度福建省企业重点实验室建设名单，将为消费者带来更清洁环保的汽车产品。在智能驾驶与智能网联方面，以 DX3 EV400 车型为契机，企业已与中兴、移动、福州大学展开 5G+ 智能远程驾驶项目，成果也已多次亮相重要场合。

华晨汽车集团也面临类似困惑。华晨汽车集团破产重整获得新的进展，华晨集团管理人对 12 家企业提出实质合并重整申请。实质合并重整是将企业集团两个或两个以上成员的资产和负债作为单一破产财产的组成部分对待，需要满足企业整体资不抵债的前提标准，还需要满足法人人格高度混同的决定性要素。同时，重整需要严格满足营运价值大于清算价值的启动标准，即企业持续营业状态下的价值要大于清算之后的所得利益。"华晨汽车以前企图通过资产转移逃废债，现在转移出去的东西都会回来，通过对 12 家公司的整合，对资产进行评估，看有哪些资产和负债，做债务重组计划，最终看是否能够还债。"全联车商投资管理有限公司总裁曹鹤接受媒体采访时表示。

总体而言，基础薄弱、诞生于车企遍地开花年代的传统车企，如若故步自封、不谋创新，势必会在这次车企生死大考中失去明天。

存留产能不浪费，兼并重组得新生

谁都不想成为被市场抛弃的棋子。能继续发挥产能的企业，已经或将被实力雄厚的集团收购。"很多小型车企没有经受住考验而倒闭了，也有很多企业被收购。去年，吉利集团是收购企业最多的车企。"鹿文亮表示。

事实上，吉利收购奔驰的消息传开之后，大家才惊觉吉利汽车在不声不响之中已经成为一个实力雄厚的汽车集团。到目前为止，吉利拥有和持股的汽车品牌包括吉利汽车、沃尔沃、宝腾、路特斯、伦敦电动车、远程汽车、领克、Polestar、几何汽车。

自 2021 年以来，吉利"收购""意图收购"等词成了热点，对此，有观点认为，在这样的情况下，吉利持续扩张产能可能与其在新能源汽车方面的代工规划有关。

鹿文亮认为,吉利低价收购这些工厂未来会给公司赚钱。2021年以来,吉利几乎所有的动作都围绕代工展开,如吉利与百度和富士康的合作,其中吉利与百度将组建以百度为主导的合资公司,二者共同基于浩瀚智能架构打造智能汽车。

除了企业自发的兼并重组行为,国家发展改革委产业发展司副司长蔡荣华在2020中国汽车产业发展国际论坛上指出,僵尸企业、无效产能占据大量的要素资源,必须加快市场化建设、法治化管理,强化监管问责。

2021年,将是市场打"僵尸"的一年。而对小型传统车企、大型传统车企、造车新势力而言,它们虽走不同的路,但最后还是得拿数据说话。

传统高端品牌电动化战略遇阻

电动化已是大势所趋,为了在电动化转型大潮中占得先机,BBA[1]等一众高端传统车企即便有着雄厚的燃油产品技术储备,心里万般不情愿,面对转型也丝毫不敢怠慢。但是如此着急转型,产品在市场上真的能成功吗?

产品比品牌更重要

乘联会数据显示,2021年上半年,奔驰EQC在华累计销量为3140辆。奔驰EQC 2021年第一季度的全球销量也仅为5338辆。宝马和奥迪也没好

---

[1] 指奔驰、宝马、奥迪三个豪华汽车品牌。——编者注

到哪里去，宝马首款纯电动车型 iX3 于 2020 年 11 月上市，2021 年 1—6 月销量仅为 7330 辆；而刚刚国产化的奥迪 e-tron，2021 年 1—6 月的销量也仅为 642 辆。这些品牌电动化结晶的销量难以达到预期，主要问题出在两方面：一是定位；二是产品。

以奔驰 EQC 为例，从定位上来说，奔驰 EQC 于 2019 年发布，是奔驰旗下电动品牌"EQ"的首款车型。奔驰自然希望将其在燃油车市场一贯的豪华形象继承到新能源汽车市场，但是 49.98 万元的起售价却只能让消费者得到 415km 的续航里程。

另外，有人发现 EQC 车型似乎是"油改电"，在实车的后排中央有一个纵梁凸起，与奔驰的 GLC 燃油车一模一样。对此，奔驰工程师给出如下答复："EQC 的电池底盘有 85% 是全新开发的，有 15% 是与 GLC 燃油车共用设计和零部件。"

奔驰 EQC 采用的白车身是与奔驰 GLC 燃油车共用的，白车身是按燃油车的需求标准设计的，所以后排会出现一个突起。之所以这么做或许只是为了避免改动原有设计所需的一系列安全性测试，进一步降低成本。

似乎是奔驰自己都觉得诚意不足，又或许是感到来自国产新能源汽车的压力，现在购买奔驰 EQC 有着一定的优惠，优惠后售价为 37 万至 47 万元。

但是相似售价区间的选择却多得多，下有特斯拉 Model Y，上有蔚来 ES8，续航里程都远超奔驰 EQC。不如这么说，即便奔驰 EQC 拥有再多凸显舒适性和豪华性的配置，如全方位座椅调节、几何光束大灯、可调悬挂等，但最根本的提升续航里程的能力，我们却没有在奔驰 EQC 身上看到。

未来的路会更艰难

BBA 已经发布全面电动化转型战略。2021 年 7 月 22 日，奔驰宣布升级电动化转型战略，由"电动为先"向"全面电动"转型。至 2022 年，奔驰将为其服务的所有细分市场提供纯电车型；2025 年起，所有新发布的车型架构将均为纯电平台，其每款车型都将向用户提供纯电版选择。

为推动这一转型，2022—2030 年，奔驰在纯电动车型方面的投资将超过 400 亿欧元。以上规划将在确保盈利目标完成的同时实现。宝马计划到 2023 年在全球提供约 12 款纯电动车型，并将在约 90% 的细分市场中为每一条产品线提供至少一款纯电动车型。到 2025 年，宝马集团纯电动车销量预计将为 2020 年的 10 倍以上，至 2025 年年底，宝马集团预计将完成全球第 200 万辆纯电动车的交付。MINI 品牌将在 2030 年年初彻底电动化，到 2025 年，MINI 将推出其最后一款燃油车型，之后完全聚焦纯电动车型。到 2027 年，纯电动车型将至少占 MINI 销售车型的 50%。

奥迪宣布将在 2026 年推出最后一款全新燃油车奥迪 Q8，同时将推出奥迪 Q8 e-tron，此后不再推出任何内燃机新款车型，所有新车都将搭载纯电驱动系统。内燃机车型将生产至 2032 年，2033 年前将逐步停产燃油车，最迟在 2050 年实现零碳排放。

"所有企业都有成功的条件，但是和谁比才算成功？成功基于什么？机会就在眼前，但是企业能否抓住机会，取决于自身能力和别人比是不是更有优势。一定要抱着必胜的信念去做，但必胜不是有信心、有决心就够了，还要有本事。"世界汽车工程师学会联合会终身名誉主席赵福全认为。

"BBA 们"好像忘了这场转型大潮是谁掀起的了。我国传统车企在新能源汽车领域耕耘早已超过 10 年，推出的新能源汽车子品牌更是不计其数，产品实力的与日俱增更将推动我国产品加速出海，抢占市场份额。

除此之外，它们还应该担心如特斯拉这样的创新型车企，虽然其产品线较为单一，但最好地迎合了汽车行业转型的趋势，在新能源汽车的技术、定价方面，较传统车企更有优势。

消费者并不反对企业在品牌形象上的坚守，但一定要拿出与之匹配的产品，否则品牌溢价是不足以支撑高昂的产品售价的，甚至还有可能砸了"百年老店"的招牌。

高端传统车企转型电动化道阻且长，能否成功真的难说。

强链补链：产业供应链完善势在必行

汽车行业早已是一个全球合作的产业，甚至"牵一发而动全身"，尤其是在2020年新冠肺炎肆虐导致全球汽车企业面临停产危机后，越来越多的人开始意识到，汽车行业产业链、供应链安全稳定是构建新汽车、新发展格局的基础。为何几乎没有车企能在此次疫情危机中独善其身？说到底，还是车企的上中下游没有"小团圆"，产业链、供应链还不够稳定、不够优化。

2021世界智能网联汽车大会组委会透露："我国汽车产业正处于转型升级关键期，产业链、供应链急需补强，需要跨产业链合作。此峰会旨在邀请专家和企业家围绕汽车产业链、供应链补强与转型升级进行深入探讨。"

何谓"强链补链"

究竟什么是"强链补链"？工业和信息化部党组书记、部长肖亚庆2021年3月1日在国务院新闻办新闻发布会上对此做出了阐释。

所谓"强链"，就是进一步锻造长板，让长板变得越来越长，增强发展主动权。肖亚庆举例,比如着力培育发展新型产业链,如 5G、新能源汽车、高端医疗装备、生物医药、新材料等,着力提升传统产业链,保持产业链完整。

所谓"补链",就是补齐短板和弱项,确保关键时刻不掉链子。一是实施产业技术再造工程;二是加快国家制造业创新中心建设,在"十三五"期间已布局 17 个国家制造业创新中心,并取得较好成效。

在经历供应链、产业链危机后,企业也开始觉醒,如果要做到汽车供应链的自主可控,必须在软硬两条战线上同时突破。业内专家也纷纷表示,汽车供应链正进入深度调整期,传统供应商盈利压力与日俱增,车辆价值增量不断向"新四化"转移,产业上下应利用供应链重塑的机遇,完成"强链补链",补足困扰行业多年的短板。

"拥有一批优势长板是产业链、供应链现代化的重要标志。锻长板,就是要在更高水平的开放合作中巩固提升优势产业的国际竞争力和影响力,成为全球供应链体系中不可或缺的组成部分。"张立表示。

存在哪些短板和缺环

我国汽车产业在开发智能网联化的过程中,曾在芯片、操作系统、安全三大领域面临挑战。

在芯片方面,从 2020 年 12 月至今,全球闹起"芯荒",汽车芯片的短缺让汽车厂商、智能设备行业多少受到芯片产能不足的影响。

行业公开数据显示,中国汽车对半导体的需求量占全球的 40%,但自给率只有 10%，即 90% 都要依靠进口。高性能电机、高精度机床等关键的零部件方面同样对进口依赖程度颇高。芯片产业的高质量发展关乎未来。既然"芯荒"是全球问题，那么打造强大的芯片自主供给能力就显得尤为重要。

在操作系统方面，合众新能源汽车有限公司董事长方运舟表示，汽车操作系统是智能网联汽车的根基，他建议，集中力量攻克智能汽车安全实时车控操作系统，尤其是需要实时性、高可靠性和高安全性，这是必须攻克的关键技术。随着汽车的智能化发展，单一芯片和简单运算的硬件平台已经不能满足智能网联汽车的要求。

安全是智能网联汽车的命脉。2021 年 6 月 18 日，中国一汽集团研发总院党委副书记王德平在第 11 届中国汽车论坛上表示，数据安全是汽车产业未来发展将面临的越来越严峻的安全问题之一。汽车产业应该围绕整车的全生命周期做好合理的安全防护，避免数据泄露及非必要的越境使用。

我们正处于转折点上，这给刚刚市场化的智能网联汽车、新能源汽车敲响了警钟。

供应链开放，甜到了车企

说到与"供应链开放"相关的热点话题，如果以比亚迪为例的高考题说第二，恐怕没有哪个敢称第一。

众所周知，比亚迪是以动力电池起家的整车企业。要解决垂直整合模式给企业带来的发展受限等问题，只有全产业链布局才能帮助企业形成产业闭环，发挥整体优势，降低成本。但这对于企业的资金、技术、规模及前瞻性布局策略等的要求较高。

近年来，新能源汽车"一枝独秀"。除了造车新势力不断发展，还有各大传统车企在不断开拓新能源汽车市场。不断发展的新能源汽车市场，让动力电池这个新能源汽车中极其重要的零部件的供应价格跟着水涨船高。动力电池价格的上涨，也让电池企业选择干脆从源头出发，直接布局锂电等原材料上游端。

特斯拉已和智利最大的锂矿生产商进行谈判，未来可能在当地建立一座工厂，进行电池所需的锂原料生产。

国内车企也同样未雨绸缪。早在 2017 年，长城汽车就发布公告称，公司间接全资子公司亿新发展有限公司拟以自筹资金 1.46 亿元收购 Pilbara Minerals 不超过 3.5% 的股权，并获得 Pilgangoora 锂矿项目部分产品的包销权。

伴随着新能源汽车可预见性的发展，未来车企的经营模式或许会出现全新的形态。如今车企要想长足发展，就要打破传统发展模式，从垂直整合模式向供应链开放模式转型，聚焦核心技术，发挥比较优势，从而实现资源的优化配置。

迎接新能源汽车市场趋势转变

2020年受新冠疫情影响,全球汽车市场下滑幅度较大。而我国作为全球唯一正增长的主要经济体,汽车产业以惊人的速度回到正轨。新能源汽车逆势增长,年产销量再创新高。由此可见,中国汽车市场仍处于重要的战略机遇期。

从政府"放手"到市场"接手"

在2021年"两会"上,"新能源汽车"一词首次缺席政府工作报告,但与新能源汽车相关的充电桩、换电、汽车消费、电池回收等字眼依旧被提及。对此,有分析认为,政府对新能源汽车前端的引导和扶持基本上已经达到目标,而重心要转入后端——车辆的使用端。

从造车到量产,政府该"放手了"

自2009年"十城千辆工程"以来,"新能源汽车"便因其关键技术的重要性,战略性新兴产业的引领性,节能减排、蓝天保卫的友好性等成为政府工作报告的"常客"。针对2021年新能源汽车在政府工作报告中的"缺席",一位业内资深人士表示,我国新能源汽车已经从造车过渡到量产了,政府无须再扶着走,新能源汽车是时候进入市场锤炼阶段了。

2020年,我国新能源汽车产销分别完成136.6万辆和136.7万辆,同比分别增长7.5%和10.9%,产销量创历史新高。政府是时候将新能源汽车交给市场检验了,就像嗷嗷待哺的幼儿终将成年,踏入社会。

不过,政府并没有完全放任新能源汽车不管。比如2021年政府工作报告在完善新能源汽车相关设施、扎实做好碳达峰、碳中和各项工作,改进新能源汽车管理等方面均有所阐释。

第一,完善新能源汽车相关设施。政府工作报告提出,稳定增加汽车、家电等大宗消费,取消对二手车交易不合理限制,增加停车场、充电桩、换电站等设施,加快建设动力电池回收利用体系。这些部署要求直接针对新能源汽车,有利于改善新能源汽车的使用条件、降低使用成本。这意味着我国对新能源汽车未来的工作侧重点将向消费后端、相关基础设施建设等方面过渡。根据公安部数据,截至2020年年底,车桩比约为3∶1。但随着市面上的新能源车越来越多,好用且密集的充电桩的作用愈发重要。充电桩数量不足、重建不重养护、服务差、布局落点难、标准不统一、充电慢、燃油车占用车位等问题仍待解决。另外,随着新能源汽车保有量不断增加,合理处置报废电池、探索回收再利用模式将成为着力解决的重点问题。

第二,扎实做好碳达峰、碳中和各项工作。政府工作报告提出,大力发展新能源,促进新型节能环保技术、装备和产品研发应用,培育壮大节能环保产业；加快建设全国用能权、碳排放权交易市场，完善能源消费双控制度；实施金融支持绿色低碳发展专项政策，设立碳减排支持工具。这意味着，一方面，政府将继续严格要求碳排放交易。对新能源汽车来说，缺少新能源汽车正积分的企业将不得不转向交易市场购买积分，这将催生一个新的市场并改变行业格局。另一方面，实施金融支持绿色低碳发展专项政策。就在2021年全国"两会"召开前夕，全国人大代表、小康股份创始人兼董事长张兴海提交了《关于金融支持智能电动汽车企业高质量发展的建议》的提案。他表示，不少传统汽车企业倒下，不一定都是经营不善造成的，有些是因为不专注主业，有的则是在转型升级过程中被巨大的资金投入拖垮。

改进新能源汽车管理。政府工作报告提出，推进汽车、电子电器等行业生产准入和流通管理全流程改革。其中就包括优化新能源汽车产品准入。这有利于促进新能源汽车产业加快提升技术水平，推出更多满足市场需求的车型产品。

综上，新能源汽车产业发展的各个环节正逐渐被打通，不难看出，政府还将继续在各个方面出台政策，为新能源汽车保驾护航。

市场"接手"亟待解决用户焦虑

工业和信息化部数据显示，我国新能源汽车产销量连续6年蝉联世界第一，累计推广超过550万辆。《新能源汽车产业发展规划（2021—2035年）》显示，到2025年，我国新能源汽车新车销量达到汽车新车总销量的20%左右，纯电动乘用车新车平均电耗要降至每百公里12.0kW·h。但2020

年我国新能源汽车的市场份额仅为5.4%，新能源汽车的未来虽然向好，但眼下需尽快解决续航里程不足、冬天里程"打折"、充换电配套设施使用不便等用户焦虑。

笔者曾实地感受北京充换电出租车的充电问题，司机表示，自己还是不太愿意开新能源汽车，原因说到底还是续航里程不够。出租车公司若是换续航能力更强的车辆，随之而来的成本也会均摊到司机头上。现有的换电出租车续航里程仅仅为350km，由此产生了因担心跑不远而时时操心规划路线的问题。

"跑得远"是用户对新能源汽车的最大需求。有调查表明，用户期待纯电动车的续航里程达到约550km，而当前纯电动车的平均续航里程约为366km。这项调查同时显示，49%的受访者认为"续航里程不满足需求"是不考虑购买新能源车的主要因素。

此外，冬天里程"打折"，即里程虚标、里程衰减等问题也会让不少潜在消费者望而却步。

高循环寿命动力电池攻关的确是新能源汽车提升续航里程的关键。2021年，科技部公布《新能源汽车重点专项2021年度申报指南建议》，重点强调了全固态金属锂电池、动力电池系统技术等基础研究，发力攻克电池难关。

除了用户的检验，中国新能源汽车产业还要直面国外品牌的激烈竞争。按照此前安排，汽车行业在2018年取消专用车、新能源汽车外资股比限制，在2020年取消商用车外资股比限制，而将在2022年取消乘用车外资股比限制，同时取消合资企业不超过两家的限制。这意味着在2022年，中国汽车将进入一个全新的时代，而中国新能源汽车能否抓住机遇，在全球占据更多份额，还要看市场检验的结果。

案例　上海收紧新能源车牌

五菱宏光 MINIEV 现已无法获得上海市新能源汽车牌照。随着事件发酵，越来越多的上海市民在社交平台反映自己购买新能源汽车后办理相关手续时，卡在了"车辆信息确认"环节。受限车辆涉及多家品牌。

任性发放牌照，拥堵升级

2018 年，上海市政府发布《上海市鼓励购买和使用新能源汽车实施办法》，其中规定：消费者购买新能源汽车用于非营运且个人消费者名下无在本市注册登记新能源汽车的，本市在非营业性客车总量控制原则下，继续免费发放新能源汽车专用牌照额度。

此后，便一发不可收拾。根据《2020 年上海市综合交通运行年报》，2020 年，上海市新能源汽车全年推广量达到 12.1 万辆，创历史新高。综合来看，具有市区通行权的沪牌以及新能源号牌持续快速增长，合计增加 21.7 万辆，新能源号牌占比超过五成，足见"免费"的吸引力。

相比于竞拍车牌并支付高昂费用，买车即送的新能源号牌无疑是更好的选择。但这引起了上海市交通部门的注意，一边是越来越多的新能源汽车，一边是上海道路的拥堵压力，难以调和的矛盾正在逐渐升级。

有上海车主抱怨："在高峰通行时段，路上有三成是新能源汽车，当初卖牌照说是为了缓解交通拥堵，而现在绿牌的无限量发放却造成了上海交通的严重拥堵，这对燃油车主是不公平的。花了 9 万元买来的一块铁皮并没有看到通畅的用车环境，政策是要有可持续性的。"政策的出发点显然是好的，既能造福有需求的上海市民，又能提高新能源汽车的销量和普及度。但自上海开始无限制发放新能源号牌额度以来，很多没有汽车使用需求的人也加入了购车群体。

上海市政府决定出手限制新能源号牌增加的行动其实早有体现。2021 年 2 月，上海市发展和改革委员会发布了新版《上海市鼓励购买和使用新能源汽车实施办法》，明确自 2023 年 1 月 1 日起，上海地区消费者购买插电式混合动力（含增程式）汽车，将不再发放专用牌照额度。

但这次限制小型电动汽车上牌的举措实在令人意外。

限制小型车上牌，本末倒置

在五菱宏光 MINIEV 事件发生之后，有知情人士透露，上海市将于 2021 年 5 月底之前推出新政策，并且对车辆尺寸和售价提出了要求：长度大于等于 4.6 米，售价超过 10 万元的新能源汽车才能获得免费的新能源牌照额度。

既然限制新能源号牌增加是为了解决交通拥堵状况，那么从这个角度来说，尺寸更小的 A0 和 A00 级车辆应该更适合解决这个问题。参考日本的"k-car"。在日本买车需要车位证明，但尺寸不超过规定（长 3.4 米，宽 1.34 米，高 2 米）的车辆不用提供，于是 k-car 车型应运而生。这一车型十分适合日本狭窄的道路环境，同时，由于日本政府的大力支持，这类车型的税费也更低。

2020年全国"两会"期间,全国人大代表王凤英表示,小型电动车技术、品质不断提升,相比中大型电动车更为经济环保,更符合现阶段大城市低收入家庭及小城镇居民短途出行的需求和购买能力。小型电动车的发展具有重大的经济和生态价值,对保障国家能源安全、实现全面小康战略目标具有重要意义。她在提案中表示:"小型电动车作为新能源汽车中的重要细分品类,产品价格较低,社会资源消耗少,通行效率高,在节能减排、资源利用上相比大型电动汽车更具优势。"

如果以车长作为限制条件,实在是与缓解交通拥堵的初衷背道而驰。

由购买管理向使用管理转变

《新能源汽车产业发展规划(2020—2035年)》为今后一段时期如何发展新能源汽车指明了前进方向。

《新能源汽车产业发展规划(2020—2035年)》指出,到2025年,我国新能源汽车市场竞争力明显增强,动力电池、驱动电机、车用操作系统等关键技术取得重大突破,安全水平全面提升。纯电动乘用车新车平均电耗降至每百公里12.0kW·h,新能源汽车新车销量达到汽车新车总销量的20%左右,高度自动驾驶汽车实现限定区域和特定场景商业化应用,充换电服务便利性显著提高。

《新能源汽车产业发展规划(2020—2035年)》强调,力争经过15年的持续努力,我国新能源汽车核心技术达到国际先进水平,质量品牌具备较强国际竞争力。纯电动汽车成为新销售车辆的主流，公共领域用车全面电动化，燃料电池汽车实现商业化应用，高度自动驾驶汽车实现规模化应用，充换电服务网络便捷高效，氢燃料供给体系建设稳步推进，有效促进节能减排水平和社会运行效率的提升。

为实现以上目标，我国相关主管部门从实处着手，完善服务体系，规范产业监管。作为《新能源汽车产业发展规划（2020—2035年）》的牵头单位、汽车行业的主管部门，工业和信息化部贯彻落实中央"放管服"重要指示精神，优化新能源汽车管理与财税优惠目录发布，实现企业"一次申报、一并审查、一同发布"，出台《关于修改〈乘用车企业平均燃料消耗量与新能源汽车积分并行管理办法〉的决定》，为汽车市场经济注入强劲动力。

2020年12月28日，国家税务总局、工业和信息化部、公安部联合制定了《机动车发票使用办法》，于2021年5月1日试行，2021年7月1日起正式施行。该文件将进一步规范机动车生产、批发、零售全流程的发票使用行为，为纳税人提供便利化的开票服务，方便消费者使用机动车发票，营造公平、公正、有序的营商环境。

2020年12月31日，财政部、工业和信息化部、科技部和发展改革委印发《关于进一步完善新能源汽车推广应用财政补贴政策的通知》，从2021年1月1日起执行。与往年相比，2021年新能源汽车财政补贴政策有三大不同。

一是时间充裕，往年新能源汽车补贴政策都要拖延到3月公布，并设置3个月的过渡期，实际上有效期不足6个月；二是购置补贴政策维持动力电池系统能量密度、续航里程、能耗等技术指标门槛不变,汽车企业可以充分发挥市场积极性,不必迎合各项技术指标,有助于企业全身心打造消费者想要的电动汽车;三是强化监督管理,在安全健康发展的前提下,政府积极引导汽车产业电动化转型,促进新能源汽车产业市场化发展。

此外,工业和信息化部、农业农村部联合组织了多场汽车下乡活动,真正帮助企业从疫情困境中走出来。2021年1月5日,工业和信息化部、商务部等12部门印发《关于提振大宗消费重点消费促进释放农村消费潜力若干措施的通知》,明确提出稳定和扩大汽车消费,释放汽车消费潜力,鼓励有关城市优化限购措施,增加号牌指标投放,开展新一轮汽车下乡和以旧换新,改善汽车使用条件,优化汽车管理和服务。

中央经济工作会议中明确提到将"碳达峰、碳中和工作"作为2021年的重点,提出中国二氧化碳排放力争2030年前达到峰值,力争2060年前实现碳中和。工业是碳排放的重要领域,发展新能源汽车是推进节能减排的重点。接下来,工业和信息化部将围绕碳达峰、碳中和目标制定汽车产业实施路线图,强化整车集成技术创新,推动电动化与网联化、智能化并行发展,同时通过制定配套法律法规、完善回收利用体系、发布相关标准等,推动新能源汽车动力电池回收利用。

与此同时,生态环境部也审议通过了《碳排放权交易管理办法(试行)》,建设全国碳排放权交易市场,在应对气候变化和促进绿色低碳发展中充分发挥市场机制作用,推动温室气体减排,规范全国碳排放权交易及相关活动。

如今,北京、杭州、重庆等地纷纷调控小客车的数量,积极设置"区域指标"和"区域号牌",调整工作日高峰时段区域"错峰限行"交通管理措施,以及"急事通"便民措施,进一步推动汽车由购买管理向使用管理转变。

由被迫选择向主动拥抱转变

发展新能源汽车已经是大势所趋。尽管2020年全球汽车市场出现一定下滑,但资本市场对新能源汽车的看好却达到新的历史高度。我国以动力电池起家的宁德时代,在2021年开市第一周,市值达到9413.40亿元,跃居整个深交所上市企业第二名,在过去一年间涨幅超274.9%,距离万亿市值仅一步之遥。

提到新能源汽车,不得不提特斯拉。2020年,特斯拉市值超过大众和丰田,一跃成为全球第一大汽车科技企业,年产能达到509 737辆,年交付499 550辆,Model 3和Model Y分别累计生产454 932辆和442 511辆,取得这一成绩,上海特斯拉工厂功不可没。

值得一提的是,2020年小鹏汽车和理想汽车在美国上市,与蔚来共同组成造车新势力的"三剑客",牢牢抓住了资本市场看好新能源汽车的发展机遇。在产能和交付方面,蔚来、理想、小鹏均实现历史新高,月销量实现了从百辆到千辆的突破,年销量实现了从千辆到万辆的突破。

与此同时,我们更该看到传统车企的转型步伐。以一汽、东风、长安、上汽、广汽、北汽、吉利、长城为龙头的民族汽车企业,在技术路线、产品分类、品牌打造等各个方面,取得了丰硕成果。比如北汽蓝谷固态电池汽车已完成 15 000km 的模拟用户道路测试，测试覆盖了用户用车的多个场景；广汽首款氢燃料电池汽车 Aion LX Fuel Cell 与广汽 3DG 石墨烯技术亮相。

在产业融合方面，民族汽车品牌和互联网企业加快合作，推动智能新能源汽车科技企业的诞生。2020 年 11 月 26 日，上汽集团、浦东新区和阿里巴巴集团联合推出高端智能纯电汽车项目"智己汽车"，定位于用户型汽车科创公司。2021 年 1 月 11 日，浙江吉利控股集团宣布与百度组建智能电动汽车公司，新组建的公司将着眼于智能汽车的设计研发、生产制造、销售服务全产业链，重塑智能汽车产品形态，成为智能出行时代的变革者。

以大众、丰田、奔驰、宝马、本田为代表的外资品牌，加大在华投资力度，坚定对中国市场的信心，共享经济全球化带来的福利。以大众汽车集团为例，大众汽车充分融入中国市场，创建大众汽车（安徽）有限公司，打造全球电动出行技术研发中心；深化与一汽、上汽的业务合作，加快推进一汽奥迪与上汽奥迪"双轮驱动"的发展进程。

从需求侧来看，新能源汽车在指标、路权、税费等方面具备较大优势。近年来，消费者对绿色生活、低碳出行的认识日益深化，整个社会对新能源汽车的接受程度越来越高。

让我们一起拥抱新能源汽车 3.0 时代，迎接更美好的明天。

后记

本书完稿付印之际，2022年1月12日，中国汽车工业协会发布年度汽车工业经济运行数据。2021年，我国新能源汽车销售完成352.1万辆，同比增长1.6倍，连续7年位居全球第一；搭载组合辅助驾驶系统的乘用车新车市场占比达到20%。这说明两个问题：第一，新能源汽车市场再次呈爆发式增长；第二，电动化与智能化、网联化加快融合。因此，2021年可谓新能源汽车3.0时代的元年。

另据官方统计，截至2021年年底，全国新能源汽车保有量达784万辆，占汽车总量的2.60%，这个比例还较低，说明新能源汽车的成长空间十分巨大，市场仍大有潜力可挖。业界预计2022年新能源汽车销量将突破500万辆，这几乎是2.0时代9年的全部累计数据。

我们认为，新能源汽车3.0时代将贯穿未来5~10年，成为我国交通变革和智慧出行的主要特征。当然，3.0也会不断升级，演进为3.1、3.2等。这个时代，"智能网联新能源汽车"将成为被普遍接受的概念。

最后，感谢孙逢春院士、李克强院士、董扬会长等专家学者对本书的指导和支持，感谢人民邮电出版社对本书编辑、出版做出的卓有成效的工作。

作者于北京紫竹院

2022 年 1 月 12 日